# 링크업

마음을 사로잡는 관계의 기술

# 링크 업 Link up

**초판 1쇄 발행** 2020년 12월 3일
**초판 2쇄 발행** 2020년 12월 11일

**지은이** 이영미

**발행인** 백유미 조영석
**발행처** (주)라온아시아
**주소** 서울특별시 서초구 효령로 34길 4, 프린스효령빌딩 5F

**등록** 2016년 7월 5일 제 2016-000141호
**전화** 070-7600-8230 **팩스** 070-4754-2473

**값** 14,500**원**
**ISBN** 979-11-90820-94-3 (03190)

※ 라온북은 (주)라온아시아의 퍼스널 브랜드입니다.

# 링크업

마음을 사로잡는
관계의 기술

# Link up

이영미 지음

RAON
BOOK

프롤로그

# 능력은 관계가 형성되었을 때
# 더욱 빛을 발하고
# 진정성 있는 관계가
# 삶의 가장 강력한 무기가 된다

어린 시절 나는 너무 소심하고 내성적인 성격 탓에 감정 표현에 굉장히 서툴렀다. 서운해하고 실망하면서도 혼자 담아내며 친구에게 전하지 못할 편지들이 수두룩했다. 조금은 비겁하고 찌질했던 그 시절의 나……. 그때부터 기록하는 습관이 시작되었는지도 모르겠다.

하지만 내가 기록한 모든 감정은 분명 오랫동안 간직하고 기억하고 싶은 것들이다. 사실 이 책을 쓰는 동안 나만의 오랜 일기장을 오픈하는 것 같아 참 부끄러웠다. 더 솔직하게 말하면 평소에 책하고 전혀 가깝지 않은 내가 저자라는 타이틀로 책을 발간한다는 것 자체가 너무 민망했고 다른 훌륭한 작가들에게 죄송한 마음까지도 들었다. 하지만 늘 그래왔듯이, 내가 어떤 글을 쓰든 그게 무엇이든 나답게 하면 된다고 생각했다.

이 책은 성공을 위한 지침서도 아니고 어떤 특정 분야의 전문지식을 전달하는 책은 더더욱 아니다. 그저 늘 사람들과 호흡하며 살아가는 후배들에게 조금이나마 나의 경험을 공유하면서 어떻게 사람과 사람을 연결하면 좋은 시너지를 낼 수 있는지 솔직하게 담아낸 나의 경험들이다. 외롭게 사는 것이 미치도록 괴로운 이들이 가치 있는 삶을 만들어가는 데 아주 작은 팁을 줄 수 있는 책이라고 생각해도 좋겠다.

나이키 매장 아르바이트생으로 시작해 마케팅 임원으로 퇴직할 때까지 어떻게 사람을 연결하여 스스로 기회를 창출하였는지, 그 성장 과정을 솔직하게 녹여냈다.

### 사람들 속에서 조금 더 성장하고 싶은 사람들의 이야기

친구는 없고 관계만 있다는 어느 지인의 글을 읽고, 친구가 아닌 관계도 어떻게 연결하며 살아가느냐에 따라 때로는 친구라는 존재 그 이상으로 중요한 가치가 있다는 걸 나이키에서 25년간 다양한 사람들과 협업하면서 깨달았다. 어차피 영원한 친구도 관계도 존재하지 않는다.

늘 새로운 사람들과의 복잡한 엮임 속에서 어떻게 심플하게 나만의 솔루션을 찾고 실타래를 풀어나갔는지, 나이키 마케팅팀에서 어떻게 셀럽의 마음을 훔치고 브랜드와 연결했는지, 나의 마지막 프로젝트인 '지드래곤 × 나이키' 컬래버레이션의 탄생 스토리부터 먼 과거인 박찬호 선수의 'JUSTDOIT' 광고 캠페인까지, 일반 직장인의 삶이 아닌 수많은 셀럽과 아티스트 등 다양한 파트너와 협업하면서 조금은 특정한 사람들과의 관계를 통한 소통에 관한 솔직한 이야기들을 담고 싶었다.

"사람을 상대하는 게 제일 힘들어요!"

후배들에게 수없이 듣는 말이다. 친구, 사랑, 가정, 회사 등 사람과 함께하면 맞닥뜨릴 수밖에 없는 속앓이다. 지금 하는 일에 바로 성과를 보지 못하고 미래에 대한 불안감으로 고민하고 힘들어하는 사람들 그리고 나처럼 사람들과 어울려 놀고 일하는 게 너무 좋고 그 안에서 조금 더 성장하고 싶은 사람들을 위한 소통에 관한 이야기다.

'#그냥해' 버리자

이 책을 다 읽고 나면 꼭 한번 핸드폰에 저장되어 있는 사람들의 연락처를 꺼내 카테고리별로 리스트를 작성해보기 바란다. 나와 끝까지 갈 사람, 가다 말 사람, 가고 싶은 사람, 가고 싶지만 안 되는 사람 등 리스트를 정리하고 거기에 맞춰 준비해보자.

그 준비란 바로 나 자신이 먼저 스스로를 내보이고 한 발자국 용기 내어 다가가는 것이다. 사람들과 조금 뻔뻔하게 부딪히며 1년에 한 번씩 리스트를 바꿔보자. 나를 돌아볼 수 있는 좋은 시간이 될 것이다.

낯선 사람들과의 소통과 부딪힘을 두려워하지 말기를…… 혼밥, 혼술, 나 홀로 하지 말기를……. 그러다 정말 사람들과 눈도 마주치지 못하고 대화도 제대로 못 나누는 지경에 이를지도 모른다. 그럴수록 본인이 진정 원하는 일, 원하는 삶에서 멀어지게 된다. 두려워하지 말고 '#Justdoit', '#그냥해' 버리자.

누군가에게 위로받고 에너지를 얻고 싶은 사람들에게 치열한 삶 속에서도 넌 혼자가 아니라고 말해주고 싶었다. 많은 사람과 엮이며 살아가야 할 사람들에게 이 책이 조금이나마 도움이 되었으면 한다.

이영미

차 례

## 2장 – 사람과 제품을 연결하다

## 3장 – 커넥터가 갖춰야 할 핵심역량 10가지

## 4장 – 'JUST DO IT'은 계속된다

# 1장

# 대타로 시작해 임원으로 퇴사하다

# 모든 것은 '대타'에서 시작되었다

## 놀기 좋아하는 오빠의 '땜빵' 소환

가끔 기사를 통해 대타로 들어갔다가 뜻밖에 대박 난 연예인 얘기를 종종 보았을 것이다. 나이키와 나의 인연도 일명 '대타'로 시작되었다.

유년 시절 기억부터 돌이켜보면 나는 내성적인 성격과 아무런 캐릭터도 없는 그저 그런 아이였다. 학교에 있는지 없는지 알 수 없을 정도로 존재감도 없었고 수업 시간에 질문은커녕 선생님이 문제라도 시키는 타이밍에는 혹시라도 걸릴까 봐 가슴이 콩닥거리는 너무도 부끄러움을 많이 타는 아이였다.

등수는 거의 뒤에서 세는 게 빨랐고 그러다 보니 주위에 노는 날라리 친구들이 많았지만 항상 겁이 많아 노는 것도 어중간한 아이였다. 나는 그냥 학창 시절에 누구나 한 번쯤 꿈꾸던 라디오 DJ가 되고 싶어 밤새 음악을 들으며 사색하고 편지 쓰기를 좋아했던 평범한 소녀였다.

뚜렷한 목표도 의미도 없이 하루하루 시간을 죽이고 있던 어느 날, 오빠 대타로 백화점 아르바이트에 강제 동원되었다. 그 당시 대학생이던 오빠는 방학 동안 나이키에서 특판 아르바이트를 하고 있었다. 오빠는 친구들과의 여행이라는 명목으로 자기 대신 나를 백화점 판매 아르바이트 '땜빵'으로 던져놓고 떠나버렸다.

2남 1녀 중 둘째 딸로 태어난 나는 보수적인 오빠 밑에서 눈치를 보며 자랐기에 한마디의 반항도 할 수 없었다. 오빠는 본인은 엄청 놀 거 다 놀면서 자기 여동생은 '절대 놀면 안 돼!'를 강요하는 못된 심보의 소유자였다. 그렇게 내 의지와는 상관없이 생전 처음 백화점 판매 아르바이트를 시작했다.

## 운명의 전화 한 통

당시 2주간 판매 아르바이트를 했던 현대백화점(삼성동)에서는 겨울 패딩 기획전이 진행 중이었다. 판매 경험이 있고 없고를 생각하지 못할 정도로, 백화점은 사람이 너무 많고 엄청 바쁜 곳이었다. 적응할 틈도 없이 하루 종일 서 있어야 한다는 것 자체가 너무 힘들었고 허리가 끊어질 듯 아팠다. 하지만 오빠 대타로 들어갔기에 혹시라도 민폐를 끼치면 안 된다는 책임감으로(지금 생각하면 평상시에 오빠한테 주눅 들어 나도 모르게 길들여져 있었던 것 같다) 학교 다닐 때보다 근태도 더 엄격하게 하고 제품도 열심히 팔았다. 그 당시 담당 영업차장님이 지금껏 행사 중 최고의 매출을 올렸다며 좋아했던 기억이 난다.

그렇게 폭풍 같은 2주일을 보내고 평범한 일상으로 복귀해 지내던 어느 날 나이키 본사로부터 뜻밖의 전화를 한 통 받았다. 전화의 주인공은 내가 아르바이트를 할 때 본사 영업 팀장을 맡았던 분이었다. 팀장님은 강남에 직영점을 새로 오픈하는데 정식 직원으로 들어올 생각이 있는지 물었다.

생각지도 못했던 제안에 나는 그 자리에서 바로 오케이를 해버렸다. 이유는 간단했다. 첫 번째는 집에 있기 싫었고 눈치 안 보고 놀기 위해서 용돈이 필요했다. 두 번째는 백화점이 아니고 로드숍이니 하루 종일 서 있을 필요도 없었고 더구나 강남이면 집이 코앞이니 나쁘지 않은 조건이라고 생각했다. 그렇게 나는 아르바이트를 길게 한다는 생각쯤으로 나이키에 공식적으로 첫 발을 내딛게 되었다.

## 또 걸려온 두 번째 운명의 전화

판매라는 직업을 처음 갖게 된 지 10개월이 지날 즈음, 판매가 내 적성에 맞지 않다는 판단을 하게 되었다. 일을 하는 동안에는 열심히 판매에 열중했지만 이 일이 나에게 딱 들어맞는다는 생각은 들지 않았다. 게다가 피부가 예민한 탓에 먼지 알레르기로 인한 피부 트러블이 여기저기 생기자 엄마도 그만두라고 하셨다. 엄마는 직장보다는 내가 공부를 계속하기 바랐고 또 어린 나이에 고생하는 것 같아 걱정을 많이 하셨다. 무엇보다 나는 처음부터 직장을 구하겠다는 생각보다는 잠깐 아르바이트라 생각하고 결정했기에 고민하고 말고 할 문제도 아니었다.

나는 망설임 없이 입사 10개월 만에 퇴사하겠다고 팀장님께 보고했다. 팀장님은 아쉬워하셨지만 이런 일들이 빈번한지라 당연한 일이라는 듯 이해해주셨다. 그런데 퇴사를 며칠 앞두고 운명처럼 또 한 통의 전화를 받았다.

## 윗집 아기 엄마 옷을 빌려 입고 본사로 면접을 가다

두 번째 전화의 주인공은 나이키 본사 총무과 인사 담당자였다. 그분은 나에게 본사에서 근무할 생각이 있는지 물으며 인사부 면접 제의를 해왔다. 그때까지만 해도 나한테 왜 이런 제의를 하는지 단순한 호기심이 들 뿐이었다. 판매직에서 본사 근무로 발령받는 경우는 아예 없던 시절이었다. 그것도 취업 경쟁이 치열한 그때, 모든 사람들이 입사하고 싶어 하는 세계적인 스포츠 브랜드 나이키에서 나에게 직접 전화를 걸어 면접을 보러오라니…….

내일 당장 면접을 보러 오라는 말에 옷장을 이리저리 뒤졌지만 입을 만한 얌전한 정장 한 벌이 없었다. 친구들과 클럽에 놀러 다니고 아르바이트를 하며 한창 노는 것에 빠져 있을 때라 면접을 대비한 조신한 옷이 있을 리 없었다. 별수 없이 아파트 윗집에 사는 젊은 아기 엄마의 옷을 급하게 빌려 입고 면접에 가게 됐다. 아마 그레이 컬러의 투피스 정장이었던 것으로 기억한다. 지금 생각하면 너무 아줌마 같은 그런 옷이었다.

## 대타에서 미친 존재감으로

그렇게 퇴사를 작정했던 나는 하루 만에 뒤집혀 나이키 본사 총무과로 얼떨결에 입사하게 되었다. 미래를 계획하지도 준비하지도 못한 채 홀리듯이 이미 사원증을 걸고 총무과에 앉아 있었다. 이후에도 나의 대타 생활은 계속 이어졌다. 팀장님이 바빠서 갈 수 없는 가벼운 출장 심부름도, 궂은일이라 남들이 하기 싫어하는 업무도 나한테 죄다 떨어질 때가 많았다. 그렇지만 나는 업무가 주어지면 마다하지 않았다.

주말에는 이벤트팀 업무에 매번 호출되어 전국을 돌아다니며 현장 일을 도맡아 했다. 땜빵이든 뭐든 중요하지 않았다. 아무리 작은 일이라도 지금 당장 나에게 맡겨진 업무조차도 잘해내지 못하면 다음 기회란 없기 때문이다. 어떠한 조직이든 필요로 하는 사람에게 일을 주고 역량을 키워주는 건 당연한 일이고 그 개인의 능력은 회사나 팀이 위기에 처했을 때 몇 배로 발휘되고 빛을 발한다는 것을 나는 알고 있다.

아무 생각 없이 시작한 아르바이트가 25년 동안 나이키 임원까지 이어질 것이라고 누가 상상이나 할 수 있었을까? 어느새 나는 많이 변해 있었다. 더 이상 학창 시절의 어중간하고 소심함에 벌벌 떠는 존재감 없는 이영미의 모습은 단 1퍼센트도 남아 있지 않았다. 인생은 정말 아무도 모른다.

# 대기 발령이라도 좋습니다

늘 새로운 기회를 꿈꾸다!

누구나 사회생활을 하면서 각자의 목표와 꿈이 있을 것이다. 장기적인 목표든 눈앞에 당장 보이는 현실적인 목표든 지금 현재에 만족하기보다는 계속적으로 변화하고 성장하길 바랄 것이다. 나 역시 그랬다. 물론 내가 하고 싶다고, 어떤 직무에 욕심이 난다고 기회가 주어지는 건 아니지만 늘 새로운 것을 하고 싶다는 생각을 끊임없이 했다. 나는 한 분야의 전문적인 스페셜리스트가 되기보다는 기회가 주어지는 한 다양한 일을 경험하고 싶었다.

이유는 단순했다. 어떤 일이든 한 가지 일을 반복하다 보면 자꾸만 새로운 것을 하고 싶다는 갈증이 심해졌기 때문이다. 나의 타고난 성향 탓이기도 했고 호기심 탓이기도 했다. 그리고 가장 중요하게는 익숙한 것에 빠지는 매너리즘이 무엇보다 싫기 때문이기도 했다.

나는 나에게 내가 알지 못하는 잠재력이 있을 거라고 늘 생각해왔다. 내가 더 잘할 수 있는 분야가 반드시 있을 것이라는 막연한 생각이 늘 따라다녔다. 지금 생각해보면 그 주기가 3~4년 간격으로 찾아왔다.

## 광고팀 4년 차, 올 것이 왔다

광고팀 어시스턴트로 근무한 지 4년째 되던 해였다. 치열하게 경쟁하는 스타일도 아니고 욕심을 부리는 성격도 아닌 나는 단순히 새로운 경험을 할 게 분명히 있을 거라는 생각에 몸이 근질근질했다. 3~4년 주기로 찾아오는 새로운 일에 대한 본능적인 꿈틀거림이었다.

나는 결국 그 당시 어카운트(나이키 제품을 판매하는 공식 대리점)를 직접 담당하는 영업 부서에 관심이 생겨 지원을 하게 됐다. 그러나 용기만 가상했을 뿐 당연히 나를 받아주는 팀장은 아무도 없었다. 1990년대 말만 해도 여직원들은 영업에서 판매 일지와 전반적인 오퍼레이션 서포트만 할 뿐 영업 대리점 관리는 남자들만 했던 시대라 거절은 당연한 거였는지도 모른다.

특히 영업 팀장들에게는 여직원이라는 것도 내키지 않은 데다 마케팅 업무에서도 스타 마케팅을 맡았기에 나의 업무 역량에 대한 선입견도 있었던 것 같다. 하지만 난 포기하지 않고 기회가 있을 때마다 인사부와 영업 총괄 이사님께 내 의지를 어필했다. 그러나 쉽지 않았다. 그렇게 3~4개월이 흘러서 답변을 들을 수 있었다.

결과는 영업팀 대기 발령!

## 시한부 대기 발령자로 다시 시작하다

다행히 팀장님 중 한 분이 일단 본인 팀으로 데려가 6개월 동안 일을 시켜보고 받을지 말지 고민하겠다고 했다. 그렇게 시한부 대기 발령자 비슷하게 영업2팀 의류부로 이동하게 되었다. 나름 입사 5~6년 차였는데도 영업부의 분위기는 너무 달랐고 얼음장같이 차갑고 냉랭한 분위기에 적응하기가 쉽지 않았다.

부서 이동을 한 지 며칠 지난 어느 날 출근 시간보다 일찍 나온 나는 마케팅팀에서 했던 것처럼 잡지와 신문을 펼쳐놓고 모니터를 하고 있었다. 마침 사무실에는 아무도 출근하지 않았었고 마케팅팀에서는 잡지와 신문을 보는 것이 중요한 업무의 일부여서 이상하다는 생각조차 하지 않았다.

그런데 팀장님이 출근하시자마자 나를 보더니 대뜸 “이 대리! 신문은 집에서 보는 거야!”라고 한마디를 차갑게 내뱉으시는 게 아닌가? 왠지 모를 서러움이 올라왔다. 그 순간 입사한 지 몇 년이 되었더라도 새로운 직무를 하게 되면 그동안의 습관과 태도는 다 잊어버리고 신입 사원의 자세로 처음부터 적응해야 한다는 것을 뼈저리게 느꼈다.

나만 소외된 것 같은 외로움과 어떻게 하면 친해질 수 있을까 하루하루 눈치 보고 고민하면서 초반 적응기가 흘러갔다. 그러다 우연히 복도에서 광고팀 팀장님과 마주치기라도 하는 날에는 나도 모르게 친정 오빠를 만난 것 같은 서러움에 눈물이 난 적도 있었다.

## 유니폼 판매 신기록을 세우다

영업팀에서 6개월의 대기 발령 동안 내가 맡은 업무는 축구 유니폼 단체 판매였다. 그 당시만 해도 컴퓨터 프로그램이 잘 갖춰져 있지 않은 때라 일일이 수기로 작성해야 하는 업무들이 많았다. 나는 업무를 하면서 판매 실적을 높일 수 있는 방법을 궁리했다. 그러다가 대리점 점주들이 유니폼을 주문하는 데 필요 이상으로 많은 단계를 거치고 대기 시간도 길다는 점을 알아냈다.

점주들은 단체 주문이 들어오면 재고 조회를 위해 일일이 본사의 영업 담당자와 연락해야 했는데 이때 원활한 통화와 주문 처리가 이루어지지 않았던 것이다. 영업 담당자들과 통화하기도 힘들었고 통화가 되더라도 주문 건에 대한 회신이 빨리 이루어지지 않았다. 그렇다 보니 주문한 고객이 기다리다 못해 다른 브랜드로 옮겨가는 일이 다반사였다. 이런 상황이 되풀이되다 보니 점주들은 안 팔고 말지 하는 심정으로 주문받기를 포기하는 일이 벌어졌다.

그도 그럴 것이 당시 나이키는 매출이 계속 성장세를 달리고 있었기 때문에 굳이 본사 영업 담당자들을 귀찮게 하면서까지 대리점 점주들이 단체 판매를 할 필요가 없던 시기였다.

나는 이런 판매점의 불편함을 덜기 위해 축구 유니폼 카탈로그에 매일매일 재고 수량을 수기로 써넣었다. 날마다 창고 재고를 확인한 뒤 사이즈별로 남은 수량이 몇 개인지를 일일이 써서 이 자료를 날마다 동대문, 창원, 울산 등 축구 전문 매장에 팩스로 전송했다. 지금 생각하면 참 무모하고 무식한 방법이었다는 생각도 든다.

하지만 팩스를 보내자 정말 믿을 수 없는 일이 벌어졌다. 하루가 다르게 단체 주문 접수 건수가 오르기 시작했다. 너무 쉽게 재고를 확인할 수 있게 되자 대리점주들이 당일에 세일즈로 연결할 수 있었던 것이다. 그렇게 6개월 동안 축구 유니폼 단체 주문은 수직상승했다. 그리고 나의 업무 성과 또한 결과로 증명됐다. 이 경험은 내가 일하는 또 하나의 원칙이 되었다. 사람들이 필요로 하는 것을 파악하고 맞춰주는 것. 또한 남들이 보기에는 무식하고 무모하게 보일지언정 나답게 하는 것! 나는 영업 부서로 이동한 지 6개월 만에 유니폼 단체 판매 신기록을 세웠다.

## 기회가 주어졌을 때 반드시 증명하라

그 후로 영업에서 제일 '빡세다'는 신규 채널 오픈팀에 발령받아 여성으로서는 처음으로 세일즈랩(Sales Representative: 영업 마케팅을 책임지는 담당)이 되었다. 그것도 일명 '빨강 마후라'로 불리던 제일 무서운 팀장님 밑에서 누구보다도 혹독하게 영업부 4년을 보냈다.

4년 동안 백화점, 리테일 매장, 멀티채널 등 다양한 나이키 판매점을 직접 오픈시키고 제품 기획과 수주를 담당했다. 신입 사원의 자세로 하나부터 열까지 선배들에게 배워나갔다. 어떤 날은 매출 타깃을 맞추지 못해 아침부터 팀장님이 가방도 내려놓지 말고 무조건 나가서 맞춰오라는 불호령에 쫓겨나다시피 울면서 회사 밖을 나온 기억도 있다.

지방으로 출장을 갈 때는 모텔 침구를 이용하는 게 너무 힘들어 개인 침낭을 싸 가지고 다니기도 했다. 어떤 나이 지긋하신

사장님은 여자 영업사원이 처음이라 낯설었는지 서슴없는 막말로 나를 치욕스럽게 한 적도 있었다.

지금 생각하면 이런 모든 경험 하나하나가 나를 더욱 강하게 만들었고 지금의 나를 이 자리에 있게 한 듯하다. 나중에 들은 거지만 영업 조직 변경 시점에 세 명의 영업 팀장님이 나를 데려가기 위해 경합을 했다는 얘기를 들었다. 그 결과 당시 가장 중요한 신규 오픈팀의 독사 같은 팀장님께 맡겨졌다고…….

그때부터 지금까지 내가 지켜온 철칙이 있다.

'어떤 기회가 주어졌을 때는 반드시 나 자신을 증명해 보여야 한다.'

스스로 의문을 품기 시작하면 사람들은 바로 의심하기 시작한다. 스스로를 믿으면 새로운 기회가 올 때마다 자신이 얼마나 괜찮은 사람인지를 다시 한 번 입증해 보일 수 있다. 그 기회를 제대로 잡지 못하면 앞으로 자신에게 어떠한 일이 펼쳐질지 전혀 예측할 수 없다. 그러니 용기를 가지고 자신을 믿자. 길은 여는 자에게 열려 있음을 명심하자.

박지성

# 마음을 얻기 위한 3년간의 손편지

진정한 가족이 되는 브랜드를 위해

나이키에는 운동선수를 관리하는 스포츠마케팅 부서가 있다. 축구, 농구, 야구 등 종목별로 선수와 계약을 하고 필요한 용품을 지원하는 주요 핵심 부서다.

그 당시 나의 보스는 박지성 선수가 나이키 브랜드를 대표하는 세계적인 스포츠 스타이므로 박 선수에게 단순히 제품을 딜리버리만 하는 스폰서 브랜드가 아니라 진정한 가족이 되는 브랜드가 되어야 한다고 판단했다. 그러기 위해서는 관계를 강하게 맺어놓는 것이 중요했고 그에 따라 박지성 선수를 밀착 관리하기로 회사 방침이 정해졌다.

내가 맡은 일은 박지성 선수가 축구선수로 활동하는 데 필요한 제품 지원 외에 일상생활에서도 그가 필요로 하는 것들을 미리 파악해 디테일한 서비스로 박 선수의 마음을 움직이는 것이었다.

## 스페셜로 케어한다

나는 곧 스포츠마케팅 부서와 협업하여 박지성 선수의 스페셜 케어 담당으로 붙게 되었다. 2005년부터 박지성 선수의 미디어 인터뷰, 공항 입출국, 국가대표팀 입소식 등 공식 일정과 관련하여 개인 스타일링은 물론, 맨체스터 유나이티드 현역 시절 쇼핑이 자유롭지 않은 그를 위해 개인 쇼퍼 역할까지 모두 담당했다.

특히 나는 박 선수의 패션에 신경 썼다. 그가 나이키 제품만 입지 않고 여러 의상을 적절히 활용해서 입을 수 있도록 스타일을 잡아주는 데 공을 들였다. 바지, 양말, 재킷까지 다른 브랜드에서 구매하여 착장을 완벽하게 맞춰줌으로써 우리가 주력하는 제품을 입을 수 있게 유도했다.

당시 그가 입어만 주면 증정해주겠다는 브랜드들이 엄청 많았지만 그는 직접 본인이 구매한 옷만 입는 캐릭터였다. 그런 성향을 알고 있었기에 나 역시 타 브랜드의 협찬을 모두 거절했다.

때로는 전문 스타일리스트의 도움을 받아 구매한 옷들을 어떻게 착장하여 입으면 좋을지 모자부터 의류, 양말, 신발, 액세서리까지 모두 코디하여 이미지 파일로 스타일북을 전달해 박 선수가 영국에 가서도 그대로 맞춰 손쉽게 입을 수 있도록 했다. 너무도 소중한 그의 시간을 옷 입는 데에 고민하느라 빼앗기기를 원하지 않았기 때문이다.

나는 그가 현역 시절 내내 경기장에서도 일상생활에서도 가능한 불편함이 없도록 작은 것 하나하나 신경 쓰고 챙겨주려고 노력했다. 진심으로 그를 지지하고 선수로서 퍼포먼스에만 집중할 수 있도록 내가 할 수 있는 모든 것들을 해주고 싶었다.

### 처음부터 가까웠던 건 아니다

사실 그와 처음부터 편안하고 가까운 관계는 아니었다. 현역 시절 박지성 선수의 인터뷰를 본 사람들은 어느 정도 느꼈겠지만, 그는 낯을 매우 많이 가리고 가까운 사이가 아니면 눈을 마주치거나 대화를 잘 하는 편이 아니다. 아니, 친한 사람이 아니면 거의 이야기를 나누는 법이 없다고 해도 될 정도였다. 차가운 온도와 거리감이 느껴질 정도로 정말 예의 바르고 우직한 운동선수 그 느낌 그대로였다.

나와의 첫 만남 역시 그러했다. 그런데 신기하게도 나와 있을 때는 그렇게 데면데면하다가도 본인과 친한 사람이 한 명이라도 나타나면 태도가 180도로 달라졌다. 언제 그랬냐는 듯 많이 웃고 떠들고 거기다 장난기까지 더해졌다. 옆에 있는 내가 소외감을 느낄 정도로 그의 태도는 편한 사람들과 있을 때와 없을 때가 확연하게 차이가 났다. 하지만 옆에서 그런 모습을 본다는 것만으로도 나는 위안이 되고 기분이 좋았다.

사실 일하면서 내가 마주하는 사람들은 대부분 낯도 많이 가리고 마음을 여는 게 쉽지 않은 사람들이라 박 선수의 그런 모습이 낯설지 않았다. 아니, 어쩌면 스타로서 가질 수 있는 당연한 일면이라고 생각했다.

## 말 트는 데만 3년

그러던 어느 날 영국에서 그로부터 연락이 왔다. 자신이 휴가 차 한국에 들어가는데 쇼핑을 같이 해줄 수 있겠느냐고 물어왔다. 진심으로 뛸 듯이 기뻤다. 그전에는 내가 무엇을 해줘도 맘에 드는 건지 아닌 건지 표현이 없어 나 혼자 조바심을 낸 적도 있었다. 낯도 많이 가리고 무뚝뚝해 표현이 없던 그가 자신이 필요로 하는 것들을 구체적으로 알려주고 표현해주는 것만으로도 나에겐 큰 고마움이었다.

그날 바로 약속을 잡고 만난 우리는 홍대 스트리트 브랜드 매장을 비롯하여 서울 시내 구석구석을 누볐다. 길거리 옷가게부터 명품 매장까지 하루를 꼬박 함께 다니며 쇼핑을 즐겼다. 그날이 처음으로 박 선수가 내게 친근하게 말을 걸어온 날이었다. 그가 내게 말을 트는 데 무려 3년이라는 시간이 걸린 셈이다.

그가 보여주는 밝은 웃음과 장난기와 편안한 수다가 그렇게 반가울 수가 없었다. 곁눈질로 박 선수와 지인들 사이를 부러워했던 날들이 스쳐 지나갔다.

이런 결과가 그냥 얻어진 것은 아니었다. 처음 만났을 때부터 3년 내내 마음을 오픈하지 않고 나에게 거리감을 두려는 그를 가만히 지켜보기가 쉽지만은 않았다.

그러나 나는 그에게 먼저 다가가거나 연락하거나 애써 가까워지려고 하지 않았다. 그리고 흔히 브랜드 담당자들이 하는 실수, 즉 유명인들과 빠르게 친해지기 위해 필요 이상으로 다가가거나 급하게 서두르지도 않았다(먼저 전화하는 일이 생길까 봐 나는 아예 셀럽이나 유명인들의 전화번호를 저장해두지 않는다. 박 선수의 전화번호도 당시에는 내게 저장되어 있지 않았다).

마음을 열려고도, 말문을 트려고도 애쓰지 않았다. 억지로 다가서려 하지 않고 그저 기다리는 것이 내가 사람을 상대하는 방법이라고 생각했다. 내가 편안해지면 마음을 열 날이 언젠가 오겠지, 만약 오지 않더라도 할 수 없지, 기대하지 말자……. 섭섭한 마음이 조금씩 들 때도 마음을 다잡곤 했다.

그날 이후로 박 선수와 나는 3년이라는 침묵의 시간이 무색할 정도로 가족같이 가까운 누나 동생 사이가 되었다. 나중에는 오히려 내가 그에게 더 많은 것을 받고 보살핌을 받게 되었다. 박지성은 알면 알수록 배려심이 넘치고 따뜻한 사람이었다.

때로는 허당 개그를 하는 반전 매력으로 나를 웃게 만드는 그에게서 나는 몇 배 이상으로 많은 것을 느끼고 배우고 받는 중이다. 박 선수가 은퇴할 때까지 그의 선수 시절 내내 함께할 수 있었던 건 나에게 큰 축복이고 내 인생의 큰 영광이었다.

## 손편지가 필살기가 될 줄이야

박지성 선수를 전담한 이후 나는 몇 년간 그가 출국할 때마다 손편지를 써주었다. 내가 원래 편지 쓰는 것을 좋아하기도 하지만 박 선수가 낯을 가려서 선택한 차선이기도 했다. 워낙 친해지기 힘들었던 터라 그래도 내가 하고 싶은 말이나 응원하는 마음을 꼭 전하고 싶어서 시작한 일이었다. 물론 한 번도 답장을 받거나 인사를 받아본 적은 없었다.

그러고 나서 몇 년이 지나 박 선수와 내가 친해졌을 때, 광고 촬영차 맨체스터에 있는 그의 집을 방문한 적이 있었는데, 그가 불쑥 말했다. "누나 글씨는 너무 악필이라 무슨 편지를 세 번 이상은 읽어야 해석이 돼."(웃음)

그때 알았다. 그동안 내가 보낸 손편지를 다 기억하고 또 모아놓고 있었다는 것을. 성격으로 미루어 그는 정말 세 번 이상 읽었을 것이다! 어떤 날은 보내준 박스 안에 제품만 들어 있으면 왠지 서운해져 내 편지가 있나 막 찾아봤다고 한다.

그는 그렇게 사람의 진심을 바라볼 수 있는 힘을 가진 최고의 축구 스타이자 팀의 리더였다. 예의상이라도 마음에 없는 웃음은 절대 짓지 않는 또 그렇기 때문에 그의 환한 미소에는 큰 힘이 실림을 나는 알고 있다. 그것은 진정성이 있어야만 발휘되는 큰 힘이었다.

"지성아, 앞으로도 계속 너를 보고 싶어"

박지성 선수와 맺었던 인연 그리고 내가 기울인 노력은 중요한 재계약 시점에 결과로 증명되었다. 그는 많은 계약금을 주겠다는 경쟁사의 제안을 뿌리치고 나이키와 평생 계약이라는 쉽지 않은 결정을 단호히 내렸다. 더 의미 있었던 건 그 시점이 그가 맨유 선수로서 최고의 퍼포먼스로 정점을 찍고 있을 때였다는 것이다. 물론 재계약을 위해 나이키 스포츠마케팅 담당자들이 끊임없이 고민하고 제안하고 피가 마르게 고생한 결과이기도 했지만 내가 전담한 그의 '스페셜 케어'가 보람을 거둔 것 같아 나로서도 매우 기뻤다.

그때 내가 한 일이라곤 영국에 있는 박지성 선수에게 짧은 영상 멘트를 보낸 것이 다였다.

“지성아, 누나는 다 모르겠고 앞으로도 계속 너를 보고 싶어.”

박지성 선수는 그렇게 나이키와 평생 파트너가 되었다. 나 역시 나이키를 퇴사한 지금도 변함없이 그에게 영미 누나로 명분을 다하고 있으며, 그는 누구보다 내가 하는 일을 관심과 믿음으로 응원해주고 있다.

상대방이 불편해하거나 낯을 가리면 그냥 기다리자. 억지로 다가가거나 벽을 허물려고 덤비지 말고 애써 무엇인가를 하려고 하지 말자. 이것이 내가 박지성 선수와 인연을 맺으면서 얻은 가장 큰 깨달음이다.

# 좌천의 위기를 극복하는 강한 힘

## 날개 단 듯 잘나가다 한순간에 추락하다

나이키를 다니면서 몇 번의 고비가 있었지만 가장 크게 생각나는 건 1997년 IMF 때였던 걸로 기억한다. 당시만 해도 나는 주니어 사원이었던 터라 IMF 사태가 피부에 직접 와닿거나 실감이 나지는 않았다. 그러나 갑자기 많은 사람들이 회사를 떠나기 시작하고 그 숫자가 거의 몇백 명에 이르렀다는 것만큼은 지금도 분명히 기억한다. 떠나는 동료도, 남아 있는 동료들도 모두 즐겁지 않은 채로 하루하루를 보냈던 기억이 있다.

나이키는 IMF 이후에도 몇 번의 일명 '칼바람' 구조조정이 있었다. 회사를 다니다 보면 하루아침에 팀이 없어지는 경우, 사장이 없어지고 본사 엑스팻(expat : 국내에 파견되어 근무하는 미국 본사 직원)들이 한순간에 모두 사라지는 등 구조조정의 쓴맛을 다양하게 보게 된다. 나 역시 피해갈 수 없는 그 거친 소용돌이의 중심에서 호되게 당한 적이 있었다.

스타 마케팅팀이 별도로 분리되면서 나는 날개 단 듯이 회사의 적극적인 지원을 받으며 잘나가던 시절이 있었다. 하지만 나이키에 불던 칼바람이 나만 지나칠 리 없었다. 2010년 갑작스런 구조조정으로 내가 리드하던 스타 마케팅팀이 아예 없어진다는 일방적인 통보를 받았다. 팀 해체와 동시에 홍보팀 팀원으로 이동하라는 권유를 받았다. 내가 고민할 수 있는 시간은 24시간도 안 되었다. 상부에서는 "영미, 내일 아침까지 답변해줘"라는 말로 끝이었다.

많은 생각이 머릿속을 맴돌았다. 무엇보다 내가 홍보팀으로 이동함으로써 그 자리에 있는 후배가 퇴사를 해야 하는 막장 시나리오도 원치 않았다. 한 직장에서 일할 만큼 했다는 생각이 들었다. 당장 떠나도 후회가 없을 것 같았다.

## 상사의 만류는 뒤통수로 돌아오고

마음을 다잡고 다음 날 상사에게 나의 의지를 밝혔다. 그러자 상사는 "지금부터 내가 하는 말은 너의 상사가 아니라 친오빠가 하는 말이라고 해도 좋다!"라며 나를 돌려세웠다. 상사는 내게 지금 팀이 없어지는 건 어쩔 수 없는 상황이고 나이키 본사가 조직의 판을 다시 짜는 시기이므로 한국은 따라갈 수밖에 없다고 했다. 그러면서 떠나지 말아줄 것을 몇 번이나 당부하면서 내 결정을 만류했다.

나는 그렇게 말도 안 되게 팀장에서 홍보팀 팀원으로 이동하게 됐다. 더 어처구니없는 사실은 홍보팀 팀원으로 있던 후배가 새 홍보팀 팀장이 되는 제대로 된 뒤통수를 맞았다는 것이다(나를 붙잡았던 그 상사는 분명 알고 있던 시나리오였다고 생각하니 그 '빡침'은 극에 달했다). 그 순간 나는 '제대로 낚였다. ×됐다'라는 표현이 딱 맞았다. 한마디로 모든 게 너무 힘들었다. 긍정적인 마인드와 몹쓸 쿨병에 절어 있던 나도 그 고비를 넘기는 게 맞는지 많은 고민과 거듭되는 갈등의 시간을 보내야 했다.

하루아침에 내가 좋아하던 일이 모두 사라지고 잘나가던 팀도 없어지고……. 생소한 홍보(PR) 업무에 대한 적응과 후배였던 친구가 팀장이 되면서 생겨나는 팽팽한 신경전까지 무엇 하나 마음에 드는 게 없이 엉망진창인 시간이 닥쳐왔다.

## 나를 위해 참다

홍보팀의 후배 팀장은 나와는 완전 정반대 스타일과 리더십을 가진 친구였다. 업무는 프로페셔널하게 잘하고 똑똑하지만 사람을 대하는 포용력이나 여유가 별로 없어 보이고 논리적이고 원리 원칙을 중요시 생각하는 스타일이라 나는 팀장의 모든 것이 답답하고 융통성이 없어 보였다. 처음에는 의견이 많이 달라 업무를 조율하는 과정에서 부딪히고 트러블이 있었던 것도 사실이다.

하지만 나는 곧 마음을 고쳐먹기 시작했다. 상대방을 위해서도 아니고 회사를 위해서도 아니고 나를 위해서……. 그리고 스트레스나 남에 대한 부정적인 감정을 가슴에 담고 일할 수 있는 스타일이 절대 못 된다는 주제 파악을 예전부터 했던지라 마음을 비우기로 했다.

나보다 나이가 어리든 말든, 회사 후배든 말든 그런 건 상관없이 좋은 게 좋은 거다! 그리고 PR만큼은 나보다 훨씬 전문적으로 잘하는 친구이니 배울 것은 배우고 내 스타일대로 성장하는 게 맞다고 생각했다. 쓸데없는 자격지심이나 꼬장꼬장한 꼰대 마인드를 버리고 나니 맘이 편했다.

그러던 어느 날 부산으로 워크숍을 가게 되었다. 팀장과 조금 일찍 도착해 본의 아니게 다른 동행들을 기다리면서 해운대 바다를 바라보며 단둘이 있게 되었다. 그날 그 친구는 나에게 고백하듯이 "부장님이 있어줘서 너무 든든하고 좋다. 긍정적이고 따뜻한 배려와 사람을 대하는 태도, 누구를 만나더라도 너무 편안하게 대해주는 그런 점들을 보면서 많이 배우고 있다. 함께 있어 줘서 너무 고맙고 의지가 된다"고 말했다. 그 얘기를 듣고 나 역시도 빈틈없이 완벽하게 일을 리드해나가고 무엇보다 깔끔하고 군더더기 없는 커뮤니케이션 스킬을 가진 그녀 덕분에 많이 배우고 있고 많이 고맙다는 말을 전했다.

우리는 그렇게 거의 3년이라는 긴 시간을 때로는 논쟁하고 티격태격하기도 하면서, 서로 의지하고 존중하며 좋은 파트너로 홍보팀을 완벽하게 만들어갔다. 그리고 내가 회사를 떠나는 날, 그 친구는 누구보다도 많이 슬퍼하고 눈물을 흘렸다. 지금도 우리는 언니 동생처럼 언제라도 이런저런 얘기를 편하게 나눌 수 있는 좋은 관계를 유지하고 있다.

### 좌천지에서 배운 경험이 지금의 자산으로

당시는 나에게 어떤 조직도 회사도 영원한 건 없다는 생각을 갖게 해준 직장의 쓴맛을 제대로 본 시기였다. 너무 혼란스럽고 갈등이 많았던 허무했던 시간들. 하지만 지금 생각해보면 결과적으로는 좋은 터닝 포인트가 되어 스스로를 좀 더 냉정하게 돌아보고 스위치를 한 번 껐다 켤 수 있었던 좋은 계기가 되었다.

그리고 누가 사람과의 인연을 소중히 생각하는지도 알 수 있었다. 스타 마케팅팀에서 다른 팀으로 옮겨왔을 때 여전히 나를 찾아주는 셀럽이 있는가 하면 그렇지 않은 이들도 있었다. 그 시기에 변함없이 내 곁에 있어준 이들과는 지금까지도 잘 지내고 있다. 그들에게 늘 고마운 마음이 크다.

좌천되다시피 옮겨간 홍보팀에서 3년을 보낸 뒤, 나는 행운처럼 인플루언서 마케팅과 이벤트까지 총괄하는 핵심 부서의 팀장 자리로 옮기게 되었다. 그 자리는 어쩌면 내가 지난 시간 동안 미친 듯이 달려온 노력의 대가였을 것이다.

그리고 그 대가는 나를 또 다른 기회의 공간으로 데려갔다. 당시 배운 PR 스킬들과 네트워크들이 나이키를 퇴사하고 새로운 브랜드 론칭을 하는 데 너무나도 큰 자양분이 되고 있다는 것은 두말할 필요가 없다.

# '지드래곤 X 나이키' 프로젝트를 위한 7년간의 여정

"나이키 지디 신발을 만들고 싶어요!"

어쩌면 나를 나이키 임원까지 만들어준 건 지디라고 해도 과언이 아니다. 그 친구는 처음부터 평범하지 않았다. 연습생 시절 막대 사탕 하나 입에 물고 있던 첫 모습도 그가 하면 무언가 쿨해 보이고 남달라 보이는 힘이 있었다.

2006년 데뷔 초 멤버들에게 똑같이 옷을 시딩해줘도 지디는 그 자리에서 바로 비닐을 뜯고 티셔츠가 거의 찢어질 정도로 구겨대고 비벼대더니 그대로 툭툭 털고 입었다. 작은 것 하나도 본인만의 스타일로 바꾸는 힘을 가지고 있었고 원하는 스타일을 비주얼이나 그림으로 분명하게 표현할 수 있는 사람이었다.

그는 끊임없이 무언가를 만들거나 그리는 것을 좋아했고 특히 만화 캐릭터를 그리는 것을 좋아했다.

지디가 한번 신으면 전국적으로 품절 사태가 일어났고, 국내 스니커즈 시장에서 나이키 브랜드가 확고한 입지를 다질 수 있었다. 에어포스1, 조던 시리즈, 코르테즈, 에어맥스 시리즈까지 고스란히 매출로 연결되어 나이키는 물론 나에게도 없어서는 안 될 가장 중요한 자산이었다. 그가 신은 신발은 다른 셀럽들에게도 큰 영향력을 미쳐 갖고 싶은 워너비 브랜드로 만들어버렸다. 그와 주고받은 나의 핸드폰 메시지에는 수백 개의 운동화 이미지가 가득하다.

그러던 어느 날 너무 많은 도움을 받아 뭐라도 보답하고 싶은 마음에 그에게 물었다.

"지용아, 혹시 나이키가 무언가 해주었으면 하고 바라는 거 있어?"

그는 기다렸다는 듯이 한 치의 망설임도 없이 "나이키 지디 신발을 만들고 싶어요! 카니예 웨스트처럼. 그게 소원이에요."

지금으로부터 7년 전 그가 나에게 한 말이었다. 어쩌면 소원이라는 단어가 그의 입에서 나오지 않았다면 나의 무모한 도전은 시작되지 않았을지도 모른다. 그리고 '지드래곤 × 나이키' 운동화도 절대 탄생하지 못했을 거라고 단연코 말할 수 있다.

## 내 발등을 내가 찍다

나는 그와의 약속을 지키고 싶었다. 그리고 예상대로 그 대가를 톡톡히 치러야만 했다. 처절하게, 치열하게. 머리와 심장이 빠개지는 복잡함과 아무에게도 말할 수 없는 긴 여정이 시작되었다.

2014년 글로벌 엔터테인먼트 마케팅 부사장(엔터테인먼트 최고 리더십)인 팸 매코넬(Pam McConnel)이 한국에 방문하는 일정이 잡혔다. 나는 그날 그녀에게 지디에 대해 강하게 어필하고 제품 컬래버레이션를 꼭 할 수 있게 도와달라고 호소했다.

내 호소가 설득력을 발휘할 수 있도록 한국 엔터테인먼트 성장의 가파른 상승 추세를 들먹였다. 한국 셀럽이 글로벌 시장에서 얼마나 막강한 영향력을 발휘할 수 있는지 최대한 많은 정보를 그녀에게 보여주었다. 지디가 왜 나이키와 함께해야 하는지에 대한 당위성과 가치에 대해 몇 번이고 강조해서 설명했다.

팸 매코넬이 돌아간 후에 일이 좀 진전되는 듯 보였지만 그뿐이었다. 그냥 노력하겠다는 말만 반복될 뿐 긍정적인 피드백이 오지 않았다. 너무 답답하고 무엇보다 지디에게 그동안 고마웠던 것에 대해 보답하지 못할까 봐 마음이 복잡하고 힘들었다.

처음부터 말이나 하지 말 것을 내 발등 내가 찍은 것 같은 무모함과 그동안 쌓아온 그와의 관계까지 모두 무너질까 봐 더욱 불안했다.

나는 3년 동안 나의 직접적인 보스인 나이키코리아 사장님한테도 도움을 청하는 등 모든 라인을 거쳐 높은 본사의 문을 계속 두드렸다. 지디의 영향력을 증명하기 위해 수없이 많은 데이터를 수집했다.

아티스트로서, 패션 아이콘으로서 끼치는 그의 영향력, 그와 연결되어 있는 친구들, 그가 영향받는 사람들, 소셜 데이터 분석 등 그가 가지고 있는 많은 인사이트와 생각들을 하나도 놓치지 않고 전달하는 등 그에 대한 자료만으로도 책 한 권은 너끈히 쓸 수 있는 분량이었다.

### 3년 끝의 대실패

결국 3년의 긴 노력 끝에 내가 받은 결과는 실패였다. 그 시점이 카니예 웨스트가 나이키에서 아디다스로 갈아타면서 나이키 내부적으로 안 좋은 케이스로 남게 되었다. 앞으로 셀럽과의 컬래버레이션은 당분간 하지 않겠다는 마크 파커(Mark Parker) 글로벌 나이키 사장의 방침이기도 했다. 그래서 글로벌 엔터테인먼트 마케팅팀에서 내가 끈질기게 매달려도 이런 민감한 타이밍에 누구 한 명 책임지고 굳이 나설 이유가 없었던 것이다.

타이밍이 안 좋았던 것도 사실이었지만 또 하나 지디가 패션 아이콘으로서의 영향력은 충분히 있으나 스포츠와의 연관성이 전혀 없다는 이유로 결국 나의 노력은 물거품이 되고 말았다.

3년이 넘게 그에게 믿고 기다려달라는 말만 하고 다른 경쟁사로부터 수없이 콜을 받았음에도 조금만 조금만 시간을 달라고 했던 터라 차마 얼굴을 들 수가 없었다.

그는 경쟁사 A사로부터 글로벌 광고 모델과 한정판 제품 컬래버레이션까지 하는 조건으로 매우 높은 개런티를 몇 차례 제안받았으나 거절했다. 그만큼 나이키를 기다려주었다는 것을 알기에 더욱 마음이 안 좋았다. 그때는 정말 '내가 할 수 있는 일이 아무것도 없구나' 싶었고 나만 열심히 한다고 되는 것도 아니고 도와주는 사람 하나 없는 것 같은 좌절감으로 퇴사를 고민하기도 했던 순간이었다.

## 포기하지 않고 계속 기회를 엿보다

그렇게 죄인 아닌 죄인이 된 마음으로 시간을 보내던 중, 2017년 나이키 베이퍼맥스 글로벌 광고에서 주요 나라의 선수, 셀럽들과 촬영 계획이 잡혔다. 나는 이때다 싶어 또다시 지디를 글로벌 광고 모델로 넣어달라고 제안했다.

결국 지디는 그 유명한 'kiss my air' 베이퍼맥스 광고 모델로 선정되었고 아시아 전역뿐만 아니라 유럽, 미국까지 지디의 베이퍼맥스로 불리면서 솔드아웃으로 영향력을 그대로 입증했다.

베이퍼맥스 광고 촬영은 해외 유명팀이 진행했는데, 현장에서 갑자기 시안에 없던 트램펄린 위에서 점프하는 장면을 요청했다. 원래 계획되어 있지 않은 것들에 대해 민감한 그였지만 결국 추가 컷을 촬영하게 되었고, 공교롭게도 트램펄린에서 점프하다가 넘어지는 사태가 벌어졌다.

너무 놀라 당황하고 또 미안해서 황급히 달려갔더니 그는 "내가 누나 때문에 신인 때 이후로 트램펄린 점프 처음 해본다!"며 귀엽게 눈을 흘겼다. 그의 장난기 가득한 모습이 너무 고마워 아직도 기억에 생생하게 남아 있다.

감독의 지시나 설명이 필요 없을 정도로 그는 본인이 무엇을 해야 하는지, 어떤 모습을 표현해야 사람을 홀릴 수 있는지 다 아는 것처럼 움직임 하나하나에 모든 끼와 매력을 발산했다.

## 나의 자존심을 지키다

베이퍼맥스를 통해 지디의 영향력이 입증되면서 그 기회를 틈타 엎어졌던 '지드래곤 × 나이키' 제품 컬래버레이션 프로젝트를 또다시 이슈화시켰다. 지디가 1~2년 사이에 입대를 할 수도 있었기에 마지막이라 생각하고 집요하게 밀어붙였다.

운동화의 경우 디자인 및 제작 기간이 빠르면 1년 안에도 나올 수 있기 때문에 나는 지디가 군대 가기 전에 약속을 지키겠다는 생각으로 속도를 냈다.

다행히 지디가 그 무렵 패션 아이콘으로서 전 세계적으로 급부상하는 시점과 맞물려 나이키 글로벌 엔터테인먼트 마케팅팀에서도 프로젝트를 긍정적으로 추진해 드디어 최종 승인이 났다. 승인이 나기 전 회사에서는 나한테 몇 번의 확인 메일을 보냈다. 그 내용은 "영미, 너는 지디가 다른 경쟁사로 절대 안 간다는, 나이키와의 신뢰를 끝까지 지킨다는 확신이 있느냐? 너만이 대답할 수 있고 네가 확신해야 한다!"였다.

그 질문은 마치 '만약에 우리와 컬래버레이션을 한 이후 지디가 경쟁 브랜드로 가게 되면 너는 당장 여기서 떠나야 할 것이다!' 라는 협박과도 같았다.

나는 조금의 망설임도 없이 "지디는 지금까지 우리에게 신뢰와 믿음을 주며 기다려주었고 나이키에 대한 브랜드 로열티를 10년 동안 보여주었다. 나는 그를 전혀 의심하지 않는다!"라고 답했다. 이후로도 나에게 확신하라는 몇 번의 검증을 받은 후 최종 승인이 떨어졌다.

나는 전혀 두렵지 않았다. 내가 진심으로 두려운 건 회사에서 짤리는 것보다 지디만의 나이키 신발을 만들어주겠다는 약속을 지키지 못하는 것이었다. 그건 내가 직장인으로서가 아닌 인간 이영미로서 자존심을 건 약속이자 도박이었다.

### 7년의 노력 끝에 탄생한 운동화

그렇게 1년을 목표로 일명 지디 신발 만들기 프로젝트가 빠르게 진행되었다. 나이키 컬래버레이션 프로세스는 아티스트가 본인이 원하는 디자인 콘셉트를 설명하면 나이키에서 시안을 작업해 아티스트와 계속 논의하면서 발전시키는 게 일반적이다. 하지만 역시 지디는 일하는 방식에서도 확연하게 달랐다.

그는 본인의 생각을 말로 하는 게 아니라 직접 신발을 해체하여 전개도를 만들고 디테일까지 완벽하게 완성된 샘플을 만들어 와서 이렇게 만들어달라고 요구했다. 그 디자인은 매장에 바로 내놓아도 손색이 없을 정도로, 아니 그 이상의 퀄리티로 우리를 당황시켰다. '우리가 이렇게 만들 수 있을까?' 싶은 생각이 들 정도로 그의 열정과 아티스트로서의 상상력은 대단했다.

수많은 에어포스를 해체하고 색을 입히고 또 입히고 신발끈, 밑창, 아웃솔, 신발 고리 등 작은 부속품 하나까지 직접 샘플로 완벽하게 제작해왔다. 완벽한 본인만의 신발을 만들기 위해 며칠을 제주도에서 꼼짝 안 하고 신발 커스텀(기존 제품을 콘셉트에 맞게 특별 제작)에 꽂혀 미친 듯이 몰입하는 모습을 보면 진짜 미쳤나 싶을 정도로 소름끼치기도 했다.

그렇게 7년 만에 그의 뛰어난 아이디어와 나의 오랜 노력으로 'PEACEMINUSONE × AIR FORCE1 PARA?NOISE'가 탄생했다. 운동화 끈을 멋스럽게 묶기 위해 두껍고 길게, 신발을 벗었을 때 빈티지함을 살리기 위해 이중으로 갑피를 씌운 것도 모두 그의 머릿속에서 나왔다.

그 어떠한 컬래버레이션 제품보다 가장 완벽할 수밖에 없었다. 그가 만든 지디스러운 '#그냥해'라는 슬로건 역시 완벽하게 소비자의 마음을 홀릴 수밖에 없었다. 지디는 2018년 1월 릴리즈용 광고 촬영을 마친 후 2월 초에 입대했고 나는 그해 8월 나이키를 떠났다. 그리고 묵혀 있던 지디의 운동화는 2019년 그가 제대한 후 2주 만에 세상에 선보이게 되었다. 이번 결과 역시 '지디는 지디'였다.

물론 글로 담지 못할 많은 우여곡절과 그 과정 속에서 잊고 싶은 상처들이 없었다면 거짓말일 것이다. 프로젝트를 진행하는 동안 정말 몇 번이나 포기하고 싶었고, 포기할 수 있는 기회도 있었다. 아무도 내게 책임을 물을 사람도 채찍질하는 사람도 없었다. 하지만 그와의 믿음을 저버리지 않기 위해 끝까지 노력한 끝에 좋은 결과를 만들어낼 수 있었다.

회사가 지디의 변심을 걱정할 때도 나는 한 치의 망설임도 없었다. 혹시라도 책임져야 할 일이 생기면 모든 것을 감수할 각오가 되어 있었다. 세계 제일의 브랜드와 최고의 아티스트가 함께하는 건 당연하며, 그를 오랜 시간 지켜본 나는 이 프로젝트가 성공하리란 확신이 있었다.

상대방에 대한 막연한 믿음은 중요한 순간에 아무런 힘을 발휘하지 못하기도 한다. 그래서 상대방을 잘 꿰뚫어보고 확신을 갖고 단호하게 결정을 내려야 할 필요가 있다. 믿음은 결국 자기 확신에서 비롯된다. 그래야 믿는 도끼에 발등 찍혀도 여한이 없다.

# 나이키 최초의 첫 '3 First'

대표작 개척자가 좋다

배우나 가수들에게 대표작이 있다는 건 너무도 좋은 일이다. 대표작으로 인해 타이틀이 생기기도 하고 첫 작품, 첫 앨범이 순식간에 대박을 쳐서 그 이미지가 꼬리표처럼 따라다니는 경우도 있다. 또 어떤 경우에는 오랜 무명 생활 끝에 제대로 한 방을 맞아 전성기를 누리게 되기도 한다.

이렇게든 저렇게든 나를 대표할 수 있는 타이틀을 갖게 된다는 건 너무도 어렵지만 그만큼 스스로에게 큰 가치를 가져다주는 일이다. 남들이 생각할 때는 별것 아닐 수도 있지만 내 인생에서 '첫 ○○○'이라는 것은 무언가 개척자 같은 느낌이랄까? 어떤 타이틀보다 처음이라는 단어가 늘 나를 설레게 하고 뿌듯하게 했다. 대단하지는 않지만 나에게도 붙는 수식어가 몇 가지 있다. 백화점 아르바이트에서 시작하여 본사 첫 정직원 1호, 나이키코리아 최초의 여성 마케팅 부장, 첫 여성 세일즈 어카운트 담당. 여기에 더해 마케팅 부서에서 영업 부서로 간 첫 사례이자 영업 부서에서 마케팅 부서로 다시 이동한 것도 내가 처음이었다. 이 모든 수식어는 마치 내가 살아온 과정을 검증받은 것 같은 느낌을 준다.

무엇이든 '첫', '처음'이라는 타이틀을 갖는다는 건 짜릿한 일이다. 늘 새로운 팀, 새로운 프로젝트가 시작되는 곳에서 새로운 도전을 한다는 건 그만큼 어렵고 힘들지만 가치 있고 의미 있는 일이다. 그리고 그 경험을 통해 두려움 없이 세상을 잘 헤쳐나갈 수 있는 나만의 역량을 갖추게 된다. 이 모든 것은 끊임없는 에너지와 자기계발, 소통과 친화력, 성실함 이 모든 요소가 연결되어 있었기에 가능한 일이다.

## 거침없는 막내의 말도 안 되는 특기

지금 생각해보면 단기 아르바이트를 하고 정식 직원이 되어 매장에서 10개월 정도 근무하던 시절 바로 위 선배 언니는 나를 못 잡아먹어 안달이 났었던 것 같다. 점장 앞에서는 나를 챙겨주는 척하면서 안 보이는 곳에서는 질투인지 내가 맘에 안 들어서인지 매우 쌀쌀맞게 대하는 그 선배가 쉽지 않았다.

그 선배와 매장 안에 있기가 불편해 손님이 별로 없을 때면 제품 정리를 한다는 핑계로 창고 사무실에 틀어박혀 모든 제품의 품번과 재고를 외웠다. 특별한 이유가 있었던 건 아니다. 타고난 머리가 똑똑하거나 공부를 잘했던 건 전혀 아니었는데 전화번호부터 사람들 이름, 차량 번호 등 이런 종류의 암기력이 좋기도 했고 때로는 남들 앞에서 뛰어난 기억력을 은근 과시했던 것 같기도 했다. 물론 지금은 어제 한 일도 기억이 가물가물할 때도 있지만…….

창고에 처박혀 외웠던 모든 제품의 스타일과 재고 파악은 의도치 않게 나에게 기회를 만들어주었다. 그때 내가 근무하던 본사 직영 매장은 스포츠 선수, 파트너사 등 VIP를 위한 제품 증정도 진행했던 곳이라 하루에도 빈번하게 본사 직원들이 전화를 걸어 어떤 제품이 있는지 물어오는 곳이었다. 지금이야 모든 판매 입출고와 재고 파악을 전산으로 간단하게 할 수 있지만 그때만 해도 일일이 사람이 확인해야만 하는 시절이었다.

그래서 본사 담당자들이 전화로 재고를 물어보면 “잠시만요, 확인하고 있다가 전화드릴게요!” 또는 “잠시만요!” 하고 5분 정도를 대기하게 만들기 일쑤였다. 그런데 내가 전화를 받으면 그렇지 않았다. 누가 재고에 대해 물어보기만 하면 재고 유무, 재고 상태 등을 줄줄이 꿰어 알려주었기 때문이다. 상대방은 이런 나를 너무도 신기해했고 그러다 보니 점장은 물론이고 모든 사람들이 나를 찾기 시작했다. 정말 뜻하지 않게.

그렇게 존재감 없는 막내 판매사원일 뿐이었던 나는 이 말도 안 되는 특기로 본사 사람들의 전화콜을 받는 핫라인으로 부각되었다. 그리고 판매가 적성에 맞지 않아 퇴사를 하자마자 나이키 본사 사무실 직원으로 근무 제안을 받게 되는 결과를 낳았는지도 모른다.

## 다음 도전의 에너지가 되는 짜릿한 첫 경험

처음이라는 타이틀은 좋은 일이기도 하지만 그만큼 많은 사람들의 시선과 질투의 타깃이 될 수도 있다는 의미다. 하지만 그것 역시 버티고 맞서다 보면 그 거친 비바람 속에서 더욱 강력해지고 단단해지는 건 분명하다.

짜릿한 첫 경험은 두려움 없이 새로운 것을 계속 찾고 도전하게 만든다. 그 도전은 열정에서 생기는 에너지보다는 실패하고 안 되더라도 상관없다는 배짱에서 나오는 경우가 많았다. 나는 나이키에서 수많은 프로젝트를 진행하면서 성공한 기억보다는 실패하고 아쉬웠던 기억이 더 많다. 그리고 그런 경험에서 배우는 것들이 몇 배는 더 많았다. 내가 그곳에서 맛본 실패의 원인은 나 자신의 능력 부족이나 팀 역량의 부족으로 인한 것이기보다는 나이키에서 처음으로 시도하는 어려운 프로젝트이거나 새로운 카테고리의 리더로서 신규 팀을 이끌면서 맞닥뜨린 난관인 탓이 컸다. 대개 무에서 유를 창조하고 결과를 만들어야 했던 곳에서 나의 역량을 필요로 했기 때문에 한마디로 개고생하는 파트로 투입되는 경우가 많았다.

나는 안정된 곳에서 성공을 이루고 샴페인을 터트리기보다는 기대하지 않은 곳에서, 희망이 없는 곳에서 꽃을 피우고 완벽하지 않더라도 한 줌의 결과라도 만들어내는 일에 더 쾌감과 짜릿함을 느끼는 인간이기 때문에 나에게는 여전히 첫 번째라는 수식어는 가장 떨리고 가장 짜릿한 단어다!

# 나이키의 모든 길은 영미로 통한다

"아직도 나이키에 있어요?"

나이키 재직 시절, 본사 직원들이 외부 미팅을 할 때 공통적으로 듣는 말이 하나 있었다. 바로 "이영미 씨, 아직도 나이키에 있어요?"다. 그들은 밖에서 나의 생사를 확인하며 놀란다고 했다. 그러고는 정말 오랜만에 반갑게 전화를 걸어 안부를 묻는 이들도 종종 있었다.

김기방 배우는 "영미 누나, 완전 나이키 화석이죠?"라며 별명을 붙이고는 주변 사람들에게 놀려대기도 했고 "이영미, 혹시 나이키 글로벌 사장 로열패밀리 아니야?" 하며 말도 안 되는 의심을 하는 이들까지 반응도 제각각이었다. 그도 그럴 것이 셀럽의 경우 데뷔 때부터 온갖 거친 풍파를 거치며 역동의 세월을 보내는 동안 내가 '나이키=이영미'라는 부담스러운 수식어로 늘 그 자리에 있었으니 당연한 반응일 것이다.

그런가 하면 사람들이 내게 공통적으로 하는 질문도 하나 있었다. "사람 상대하는 일 너무 힘들지 않아요? 셀럽들 비위 맞추고 일일이 다 신경 쓰고 너무 스트레스 받을 것 같아요"였다. 하지만 나는 셀럽뿐 아니라 그 누구의 비위도 맞추며 일하거나 상대하지 않았다. 아예 그런 의식의 흐름조차 없다고 할까? 사람으로 인해 생기는 감정에 쉽게 이끌리거나 예민하게 반응하고 동요하는 편이 아니다. 늘 '그럴 수도 있겠지' 하며 인정하고 넘기는 편이다.

### 미친 존재감이 되고 싶었다

내가 이 일을 오랫동안 천직처럼 할 수 있었던 이유는 인간성이 좋거나 훌륭한 커뮤니케이션 기술이 있다거나 사람들을 매력적으로 홀릴 수 있는 탁월한 외모의 소유자여서가 결코 아니다.

다양한 각도에서 바라볼 수 있었던 브랜드에 대한 이해와 열정, 많은 사람들과 팀워크를 이루며 진행했던 업무 과정에서 겪은 수많은 갈등과 문제 해결 능력, 실패한 프로젝트를 통한 여러 사건 사고에서 배웠던 시행착오들, 이런 것들이 없었으면 못했을 것이다.

나는 25년 동안 8개의 부서 또는 팀에서 업무를 했다. 당연히 한 회사에서 오래 근무하면 그럴 수 있는 것 아니냐고 생각하겠지만 절대 그렇지 않다. 좋은 커리어를 쌓아서 이직을 하는 것도 능력이고 전문 분야에서 스페셜리스트가 되는 것도 너무 훌륭한 일이다. 정답은 없다. 각자 삶의 목표가 다르듯…….

나는 한 가지 일을 계속하는 것보다는 어렵더라도 다양한 경험을 하는 게 좋았다. 그리고 성격상 남들보다 앞서서 올라가고 치열하게 부딪히며 경쟁하는 것도 맞지 않았다. 물론 동료나 후배들이 더 빠르게 성장하는 것을 부러워하거나 시기, 질투를 한 적도 없었다. 제일 중요한 건 나답게 내가 원하는 일, 하고 싶은 일을 끊임없이 경험하고 싶다는 생각이었다. 정확히 말하면 어떤 조직에서든 필요한 핵심적인 미친 존재감이 되는 것이 중요하다고 생각한다. 필요로 하는 사람이 되기 위해서는 끊임없이 노력해서 유연하고 진취적으로 브랜드를 이끌어갈 수 있는 사람이 되어야 한다는 거다.

나는 각 주요 부서마다 3~4년씩 해당 업무를 맡았다. 성격상 한 업무를 4년 이상 하면 새로운 일에 대한 열망이 커져서 다른 일을 꿈꾸었고 결국 도전했다. 나이키에서 8개의 팀을 할 수 있었던 건 각 팀에서 맡은 일에 대해 성실하게 좋은 퍼포먼스를 냈기 때문에 가능한 일이었다.

나에게 맡겨진 업무에서 좋은 성과를 내지 못하면 다음 기회란 없으니까 신입 때부터 나의 역량보다 몇 배는 더 스스로 일을 찾아서 하고 특히 어시스턴트 시절엔 어떤 힘든 일도 마다하지 않았다. 내가 할 수 있는 모든 일을 찾아서 했다. 나이키 이벤트팀에서 주말에 진행하던 3대3 농구대회에서 코트를 깔고 궂은 청소를 하는 것도 나에겐 모두 새롭고 즐거웠다. 그러다 보니 모든 선배, 팀장들이 늘 나를 데리고 다니며 일을 가르쳐주고 잘 이끌어주었다.

## 내가 떠나자 셀럽도 떠났다

앞에서 말한 것처럼 영업 부서로 이동하면서 신입 사원의 자세로 4년을 보냈다. 그런데 여기서 문제가 불거졌다. 내가 마케팅 부서를 떠나오는 순간 스타 마케팅에 빨간불이 들어오기 시작했다. 모든 것이 셀럽과의 관계만으로 오롯이 진행되는 터라 담당자가 바뀐 것에 대해 외부의 반응은 상상 이상이었다. 하나둘씩 그들은 나이키를 찾지 않게 되었고 그 당시만 해도 스타 마케팅에 많은 영향을 받는 브랜드이다 보니 매장 매출에도 바로 적신호가 왔다.

이렇게 눈에 보이는 결과가 나자 회사 주요 임원들끼리 논의 끝에 내게 영업 부서에 있으면서 스타 마케팅 업무를 겸하게 했다. 월급을 두 배로 주는 것도 아니었기에 표면적으로 보면 너무 과도한 업무로 느낄 수 있지만 오히려 그것이 내겐 에너지가 되었다.

처음 접하는 영업 시스템과 낯선 대리점 사장들과의 관계에서 받는 스트레스는 스타 마케팅 업무를 하면서 풀 수 있었고, 또 녹록지 않은 엔터테인먼트 분야의 사람들과 일하면서 받은 상처는 영업이라는 비즈니스를 통해 재미를 느끼며 잊을 수 있었다. 밸런스가 아주 잘 맞아 오히려 좋았다.

이왕 하는 거 긍정적으로 임했고, 나는 그렇게 좋은 성과를 내며 영업 부서에서 4년을 보냈다. 그리고 이후 브랜드 이니셔티브팀(지금으로 치면 브랜드팀 개념으로 나이키 별도의 브랜드 기획 부서)이 생기면서 다시 마케팅팀으로 복귀하게 되었다. 브랜드팀이란 말 그대로 제품 기획, 세일즈, 마케팅까지 모든 부서를 통합하여 리드하는 팀을 의미한다. 나는 생소한 파이프라인의 신규 멤버로 차출되었다.

총무과에서의 팀을 서포트한 경력, 마케팅 광고와 홍보를 경험하며 쌓은 크리에이티브한 기획력과 릴레이션십 강점, 세일즈 경험을 통한 제품 기획 및 유통 시장 분석 등 그 모든 것을 갖춘 사람은 없었기 때문에 그런 기회를 만날 수 있었다.

## 마케팅에 나의 리소스를 '몰빵'하다

새로운 부서로 이동한 나는 우먼스와 나이키스포츠웨어의 브랜드 플래너로 근무하면서 4년 동안 새로운 캠페인을 리드하는 브랜드 매니저로 일했다. 그 후 내가 서브 잡으로 했던 스타 마케팅 부서가 별도의 부서로 분리되었고, 스타 마케팅의 중요성을 일찌감치 알았던 나이키 본사에서는 이 부서 팀장으로 나를 발령했다. 그때부터 대행사 없이 엔터테인먼트 마케팅에 나의 능력을 100퍼센트 몰빵하여 뛰어들었고, 곧 이 '바닥'에서 내 자리를 확고하게 잡아나가기 시작했다.

하지만 안타깝게도 2010년 구조조정으로 팀이 해체되면서 3년간 홍보팀 팀원으로 좌천되는 고비를 맛보기도 했다. 이후 시간이 흘러 행운처럼 인플루언서 마케팅과 이벤트까지 총괄하는 부서의 팀장 자리로 옮기게 되었다.

그리고 셀럽&인플루언서 마케팅을 비롯하여 나이키 에너지 제품 론칭, 에어맥스데이, 우먼스레이스, 아티스트 컬래버레이션 등 '에너지 액티비티'를 모두 총괄하며 에너지 마케팅 디렉터가 되었다. 나이키에서 디렉터가 된다는 것, 임원이 된다는 것은 어떤 사람에겐 당연한 일일 수도 있다. 그리고 후배들 중에는 직무 자체가 운이 좋아 빠르게 타이틀을 거머쥐는 경우도 있었다. 하지만 나에게는 매우 특별한 의미를 가지고 있고 그만큼 가치가 더 클 수밖에 없었다.

이루었을 때 떠난다

나는 나이키에서 '올 어라운드 플레이어'로 모든 역할과 할 수 있는 것들은 모두 다 했기에 엔딩을 쉽게 찍을 수 있었다. 임원까지만 올라가면 회사를 퇴사하고 제2의 인생을 시작하기로 이미 4~5년 전부터 준비를 해놓은지라 미련 없이 그곳을 정리하고 깔끔하게 나왔다.

나이키라는 학교에서 졸업해 당당하게 또 다른 제2의 사회를 경험하고, 내가 배운 것들을 공유하고 나를 필요로 하는 곳에서 가치 있고 의미 있는 일들을 하고 싶었다.

'나이키의 모든 길은 영미로 통한다'의 의미는 내가 나이키의 8개 부서를 헤집고 다닌 결과를 대변하는 말이다. 때로는 좌천으로, 때로는 떠밀려서, 때로는 자처해서 모든 부서를 다녔지만 가는 부서마다 내가 할 일을 후회 없이 했고 그 안에서 성취와 소망을 모두 이루었다.

이 같은 다양한 경험은 25년간 나를 나이키와 연결시켜준 동력이자 자산이 되었다. 그리고 회사를 퇴사하고 다른 분야에서 새로운 도전을 하고 있는 지금도 여전히 내 삶의 귀중한 자양분이 되고 있다.

2장

# 사람과 제품을 연결하다

**박찬호**

# 실수를 저지르면서 만난 그의 진가

## 내 인생 최고의 선수를 만나다

1990년대, LA 다저스 메이저리거 시절 박찬호 선수의 명성은 정말 대단했다. 그는 국내 야구팬들의 자존심이었고 사람들의 마음에 모두가 인정하는 대한민국의 국민 영웅 선수로 새겨져 있었다. 당시만 해도 국내 선수가 메이저리그에서 뛴다는 건 말 그대로 하늘의 별을 딴 것이라 해도 과언이 아닌 시절이었으니까.

나이키는 당연히 그와 계약을 체결하기 위해 혈안이 되어 있었고 광고팀 팀장님은 비행기를 타고 LA로 날아갔다. 당시 팀장님은 박찬호 선수를 잡기 위해 몇 번이나 미국에 건너 갔던 걸로 기억한다.

그런 노력 끝에 박찬호 선수는 나이키 광고 모델이 되었고 나는 운 좋게도 광고팀 막내로 있었을 때라 바로 옆에서 그와 일할 수 있는 큰 행운을 잡았다. 시즌이 끝나고 한국에 들어오면 광고 촬영, 미디어 인터뷰, 팬 사인회, 매장 행사, '박찬호 야구 교실' 등 많은 프로모션과 촬영 스케줄이 있었고, 나는 그의 어시스턴트로 늘 동행했다.

그 당시 그의 인기는 대단했다. 그가 착용한 신발, 의류는 물론 모자, 액세서리까지 그다음 날이면 어김없이 품절 사태를 이루었고 매장 행사가 있을 때는 강남역 도로변까지 교통이 통제될 정도로 대단했던 걸로 기억된다.

박찬호 선수의 광고에 사람들은 열광했고, 그들을 나이키 팬으로 만들어버렸다. 그 핵심 부서인 광고팀에 있었던 덕분에 그를 옆에서 서포트할 수 있었던 것은 지금 생각해도 내겐 큰 행운이자 영광이었다.

## 내 사인 요청이 불러온 후폭풍

가까이에서 박찬호 선수를 서포트하며 광고팀의 막내로 열심히 일을 배우던 어느 날이었다. 행사를 끝내고 주요 스태프들과 다 같이 저녁을 먹게 되어 양재천 부근의 한 식당으로 들어갔다.

당시 박 선수의 인기는 길거리를 돌아다니기 힘들 정도로 대단해서 식당 손님들의 눈길이 전부 우리 쪽으로 쏠려 있었다.

저녁 식사가 거의 끝나갈 즈음, 나는 조심스레 사인을 부탁했다. 상사로부터 간곡히 부탁을 받은 터라 실례를 무릅쓰고 한 일이었다. 그는 두말할 것도 없이 흔쾌히 응해주었다.

그런데 집에 돌아오는 차 안에서 그는 너무나도 조용하고 친절한 목소리로 말했다.

"영미 씨, 앞으로 많은 사람들이 있는 곳에서는 사인을 부탁하지 말아주었음 좋겠어요. 영미 씨가 부탁하면 제가 당연히 거절할 수가 없는데, 그렇게 되면 사인받고 싶어 하는 주변 분들에게도 다 해줘야 하는데 그럴 수 없으니 미안해질 수 있어요……. 부탁할게요."

그 순간 나는 크게 한 방 맞은 것 같은 기분이었다.

몇 분 전으로 시간을 되감아 기억을 떠올려보니 내 부탁으로 사인을 요청한 순간 여기저기 테이블에서 식사하던 손님들이 때는 '이때다! 박찬호가 사인해주는구나' 하며 몰려들어 너무 불편한 상황이 되었고, 그 바람에 그는 식사를 여유 있게 할 수도 없이 식당을 나오게 되었던 것이다. 물론 식당에서 내게 불편한 기색조차 안 했지만, 정말 나 자신이 너무 부끄럽고 미안했다. 그가 나와 좋은 관계를 계속 유지하고 싶은 마음에 솔직하게 충고해준 것을 알기에 훨씬 더 미안하고 또 고마웠다.

그날의 실수를 계기로 업무적으로나 개인적으로도 공공장소나 다른 사람이 있을 때는 셀럽이나 유명인들에게 절대로 사인을 부탁하지 않는다. 실수를 통해 사람은 배우고 성장한다는 사실을 그때 절실히 깨달았다. 나는 이 일을 내 일기장에 아주 중요한 실천 방안으로 적어두었다.

사람들과 인연을 맺으면서 얼굴이 화끈거리는 실수도 많이 했고 때로는 무안을 당하기도 하고 상처받거나 부딪히는 일도 많이 겪었다. 그러나 하나둘씩 경험을 통해 배워가는 것이 무엇보다 중요했고 많은 실수와 과정을 겪으면서 나는 하나의 정답을 알게 된 것 같다. 실수를 통해 배우는 일은 젊었을 때 가능하면 많이 하는 것이 좋다고.

## 메이저리거를 꿈꾸던 고등학생 박찬호처럼

나는 박찬호 선수와 특별한 추억을 공유하고 있다. 그가 한창 메이저리거로 활동하던 시절이었다. 하루는 '박찬호 야구 교실' 행사가 끝나고 저녁 식사 시간까지 여유가 있어 둘이 한강 둔치에서 시간을 보내게 되었다.

그날따라 하늘에는 별이 유난히 많았다. 그때 문득 그가 하늘을 바라보며 말했다.

"영미 씨, 내가 어떻게 미국에 가게 됐는지 알아요? 공주 고등학교 시절 훈련을 마치고 하늘을 멍하니 쳐다보는데 갑자기 별똥별이 떨어졌어요. 그래서 얼른 소원을 빌었죠. '메이저리거가 되어 미국에 가게 해주세요'라고요. 정말 간절하게 빌었어요. 그런데 정말 기적처럼 그 소원이 이뤄졌어요."

유난히 하늘에 별이 많았던 날, 박찬호 선수가 나에게 해주었던 그 말과 그때의 표정은 지금까지도 생생하게 기억에 남아 있다. 10대 시절에 큰 꿈을 꾸고, 끝내 그 꿈을 이룬 그가 밤하늘의 별보다 몇 배로 반짝반짝 빛나 보였다.

비로소 알 것 같았다. 미국에 가고 싶은 간절한 소망으로 매일같이 공을 던지고 또 던지며 연습에 매진했을 고등학생 박찬호의 열정과 바람을, 그 피눈물 나는 땀과 노력을 말이다.

아마 그는 나와 같이 한강에서 별을 보며 이런 말을 했는지조차 기억 못할지도 모른다. 그러나 그때 그가 내게 보여준 눈빛과 표정은 내게 박찬호라는 인간을 하나의 거인으로 기억하게 만들기에 충분했다.

그가 성공한 메이저리거여서가 아니다. 이런 중요하고 좋은 순간은 성공의 여부와 상관없이 다가온다는 것을 그간의 경험을 통해 알고 있다. 이런 순간이 올 때마다 나는 이 순간을 놓치지 않기 위해 기록한다. 그것이 내 자양분이 되는 것을 알고 있기 때문이다. 손편지 쓰는 걸 좋아하는 박찬호 선수는 훗날 내게 행운의 편지를 보내주기도 했다.

"나도 그렇지만 누구나 항상 자신이 원하는 일을 하고자 할 때, 그리고 발전하려 할 때는 정말 쉽지만은 않은 것 같아요. 그래서 더 많은 노력과 인내가 필요한가 봐요. 때로는 너무도 많은 생각과 걱정이 자신을 스스로 힘들게 가로막을 때가 있어요. 영미 씨는 어떤 일이든 잘해낼 거야. 내가 장담할 수 있어요. 언제나 행운을 빌게요."

그가 장담한 것처럼 나는 어떤 일이든 잘해내는 사람이 되었을까? 될 수 있을까? 확신과 의심이 교차할 때마다 나는 이를 악물고 연습에 매진했을 고등학생 시절의 박찬호를 떠올린다. 그리고 내일 또 앞으로 한발 더 나아갈 것을 다짐한다.

# 혼자 결정하지 않는다

## 리더의 조건

좋은 리더가 된다는 것은 항상 내가 믿고 있는 것에 대해 되짚어보고 다시 한 번 이것이 맞는지 확인해보는 작업의 연속이다. 지금 내가 하고 있는 일이 옳은 일인지, 내가 있어야 할 곳이 맞는지 확인하는 것과 같다. 그리고 리더가 될수록 때로는 내가 믿고 있는 것을 위해 싸울 필요가 있다. 강해져야 하고 남들이 뭐라고 생각하든 내가 맞는다고 확신하는 일에 대해서는 나 자신을 믿고 맞서야 한다. 브랜드의 핵심 결정권자로서 이는 매우 중요한 역량이다.

그 믿음과 확신은 반복적인 검증을 통해 이뤄지며, 그것의 본질은 혼자 결정하지 않고 많은 사람과 함께 공유하고 피드백을 충분히 주고받는 데 있다.

누구나 경험하는 것이지만 어떤 리더는 팀원들의 피드백이 중요하고 좋은 의견들을 제안하면 수용하겠다고 하면서도 정작 팀원들의 말은 끝까지 듣지 않고 중간에 끊어버리고 자기 생각만 고집하는가 하면 또 어떤 리더는 너무 많은 이야기를 들어주다가 오히려 이야기가 산으로 가 마라톤 회의를 이어가기 일쑤다. 중요한 건 명확한 결론을 내리지 못하고 회의가 종결된다는 공통점이 있다.

### '나는 어떤 리더일까?'를 자문하라

나는 어떤 주제에 대해 사람들과 대화를 나눌 때 항상 질문을 하는 편이다. 상대방의 대답을 들으면서 내가 생각하는 것들이 맞는지 퍼즐처럼 맞춰가는 작업을 중시하기 때문이다. 이렇게 하면 다른 사람의 의견을 폭넓게 듣고 수용해서 일을 결정할 수 있다.

그런데 이런 행동 때문에 스스로 함정에 빠질 때도 있었다. 내 생각이 정리되지 않고 확신이 없는 상태에서 다른 사람의 의견을 듣고 미팅에 참석하다 보면 자꾸 흔들리게 되고 생각이 복잡해져서 완벽한 피드백을 현실적으로 논의하기에 한계에 봉착

한 적이 많았다. 미팅 참석자들의 업무 스킬이나 관여도가 제각각일 경우 이런 혼란은 더 가중되었다. 이때 필요한 것이 리더의 역량이다.

나의 생각과 판단이 어떤 경우라도 100퍼센트 옳다고 생각하지 않기 때문에 반복적으로 검증을 받고 확인하는 스타일이다. 어떤 프로젝트가 결정되면 첫 번째로 대략 큰 전략과 흐름, 포인트 정도만 머릿속에 그려 넣은 뒤 최대한 많은 관련 팀 사람들의 의견을 먼저 듣는다. 최대한 바이러스 없는 깨끗한 머리로 메모리를 많이 저장하고 나의 생각들과 함께 여러 각도로 고민하며 기획 단계에 들어간다.

내가 첫 번째 스태프로서 다른 업무 조직의 의견을 무조건 1차에서 듣는 이유는 각 POV(Point of View의 줄임말로 '너의 관점, 생각이 뭐야?'를 간단히 표현할 때 쓴다)가 다른 업무 영역의 각 파트에서 어떤 요구 사항이 있는지를 파악하기 위해서다. 이는 각 파트에서 필요로 하는 목록을 내 머릿속에서 정렬하기 위한 절차라고 생각하면 된다.

그다음에는 계획을 발전시키면서 가장 합리적이고 옳다고 생각되는 쪽으로 업무의 윤곽을 그린다. 이후 실질적으로 나와 일하게 될 팀원과 파트너사를 결정하고 그들과 구체적인 아이디어를 논의한다. 이렇게 하면 체계적이고 전문화된 의견을 기반으로 실행할 수 있는 계획이 세워져 업무의 완성도가 높아진다.

10대 딸과 그 친구들의 의견도 중시한다

이런 식으로 플랜의 80~90퍼센트가 완성되면 전략 및 아이디어를 폭넓은 사람들과 공유하고 의견을 구한다. 어떤 정형화된 형식과 프로세스가 있는 게 아니라 내 전략에 대해 검증이 필요하다고 생각하기 때문에 정말 일하고 상관없는 어떤 누구라도, 어떤 연령대도 상관없이 막 질문을 던진다. 셀럽, 인플루언서는 물론이고 브랜드 관계자, 친구, 후배 아무라도 상관없다. 때로는 10대인 우리 딸과 그 친구들이 될 수도 있고, 옆 사무실의 사람이 될 수도 있다. 그냥 누구라도 걸리면 뜬금없이 질문을 하고 의견을 구한다. 그들 모두 우리의 고객이기 때문이다.

다양한 고객층에게 되는 대로 질문을 던지고 의견을 구하고 나서 10장 이내의 PPT 자료로 심플하게 최종 정리를 한다. 그러고는 실제 프로젝트를 함께 결정하고 일해야 하는 리더십들과 이를 공유하고 최종 리뷰하는 시간을 갖는다.

물론 어떤 플랜도 한 번에 모두 다 동의하고 한방에 Go! 하는 경우는 없다. 하지만 이 단계까지 왔을 때는 솔직하게 무시해야 할 의견들은 과감히 버리고 내가 놓친 부분의 피드백은 인정하면서 빠르게 밀어붙여 우리 팀의 플랜을 깔끔하고 명쾌하게 관철시키는 게 중요하다.

## 반복된 검증을 통한 자기 확신

나는 항상 어떤 플랜이라도 우선 스스로 90퍼센트 이상 확신하지 않으면 한 발짝 뛰기도 어려워하고 의심을 많이 하는 스타일이다. 끊임없는 나 자신에 대한 의심과 반복적인 검증에서 나오는 자기 확신. 그것이 내가 하고 싶은 일을 하기 위해 스스로를 설득하는 방법이다.

남들은 나보고 빠른 추진력과 결단력이 있다고 말하지만 사실은 그렇지 않다. 늘 나에게 가장 큰 영향을 준 건 리더십이었다. 혼자 결정하지 않고 많은 사람들의 의견을 모두 듣고 여러 경우의 수를 머릿속에 그리며 큰 그림과 전략을 짜는 것 그리고 다양한 사람들과 공유하며 그것이 맞는지 검증하는 것, 내가 맞다고 생각하는 것을 위해 강하게 확신하고 설득력 있게 밀어붙이는 리더십! 이것이 얼마나 중요한지 진정한 리더가 되었을 때 알게 될 것이다.

전혀 어렵지 않다. 나 자신이 늘 옳다고 자신하지 말고 오만하지도 말고 항상 누군가와 대화할 때 습관처럼 말하기보다는 질문을 던지는 것이 중요하다. 모든 전략과 아이디어는 내가 아닌 상대방을 이해하고 만족시키는 데서부터 출발한다는 것을 잊지 말자. 소비자는 언제나 옳다!

정일우

# 약속은 칼같이 지키는 남동생

## 처음부터 친누나 케미

어느 날 정일우 배우로부터 문자 한 통이 왔다. 당시 그는 〈거침없이 하이킥〉으로 일명 스타덤에 올라 드라마 촬영과 20개가 넘는 광고 촬영, 언론 인터뷰 등 최고의 인기 스타로 거의 살인적인 스케줄을 소화하고 있을 때였다.

"요즘 기분이 너무 안 좋아요. 너무 우울해서 힘들어요."

나는 그때 그렇게 친한 사이도 아닌데 왜 이런 문자를 보냈지 하는 의구심이 들었지만 바로 MBC 여의도 세트장으로 그를 찾아갔다. 드라마 촬영 중간에 문자를 남겼는지 1시간도 넘게 기다린 끝에 그를 만났다. 우리 두 사람은 그 길로 여의도 공원으로 나와 이야기를 나누었다. 그는 첫 작품에서 너무도 큰 인기와 관심을 받은 사실이 가슴 벅차면서도 정신적, 육체적으로 많이 흔들리고 감당하기가 힘들었던 것 같았다. 그 과정에서도 많은 상처와 여러 가지 크고 작은 일들을 겪었고, 꽤 지쳐 있었고 힘들어했다. 그렇게 2시간 내내 그는 많은 이야기를 너무도 솔직하게 서러울 정도로 털어놓았다.

얘기를 들으면서도 '도대체 나를 언제 봤다고 이런 얘기들을 하지?' 스스로 당황하고 의심스러운 생각이 들어 마지막에 그에게 물었다.

"근데 일우야, 우리가 그렇게 친한 사이도, 자주 본 사이도 아닌데 왜 이런 얘기들을 나한테 하는 거야?"

그는 간단하게 한마디 했다. 〈거침없이 하이킥〉 첫 방송 다음 날 사무실에서 누나를 처음 본 그 순간부터 믿었다고. 내가 어쩌다 첫 만남에서 그에게 신뢰의 아이콘이 되었는지, 그게 어떤 마음이었는지 정확히는 모르겠지만 그날 이후로 우리는 진짜 누나 동생이 되어 14년째 친남매 케미를 이어가고 있다.

## 타고난 신인 잡는 신내림

정일우 배우를 처음 본 것은 2006년 MBC 시트콤 〈거침없이 하이킥〉 첫 방송이 나간 다음 날이었다. 인터넷에서 소속사를 검색해 압구정 로데오 골목에 있는 사무실로 아침부터 찾아가 담당 매니저 실장을 만났다. 나는 2개월 뒤 나이키에서 10~20대를 겨냥한 브랜드 잡지 〈TEE〉를 발행하는데 그 표지 모델로 정일우 배우를 쓰고 싶다고 방문 목적을 밝혔다. 나는 드라마 첫 방송을 보자마자 정일우라는 배우는 2개월, 아니 1개월도 되기 전에 확실하게 이슈가 되고 인기 스타로 급부상할 것이라는 동물적인 감각에 이끌렸고 망설이지 않고 바로 소속사를 찾은 길이었다.

그날 그의 실물을 처음 보았다. 아니나 다를까 나는 내 직감이 틀림없이 들어맞았음을 알 수 있었다. 한 치의 망설임 없이 나이키에서 처음 나오는 잡지에 그를 메인 표지 모델로 쓸 것을 밀어붙였다. 회사 내부에서는 당연히 반대의 목소리가 나왔다. 시트콤에 고작 1~2회 나온 신인을 어떻게 중요한 첫 창간호 표지 모델로 할 수 있냐고. 그러나 결국 나의 결정을 믿기로 하고 조선희 작가와 정일우 배우의 첫 화보 촬영이 진행되었다.

역시나 내 예상대로 그는 〈거침없이 하이킥〉 방영 한 달 만에 완전 스타덤에 올랐고 첫 화보가 나이키 잡지가 되면서 수많은 팬들은 첫 화보집을 갖기 위해 매장 앞에 줄까지 서는 현상까지 일어났다. 그 이후로 그는 광고계의 블루칩으로 떠올랐고 모든 종목의 브랜드를 싹쓸이하며 최고의 주가를 올리는 스타로 급부상했다.

이렇게 나는 정일우 배우의 생애 첫 화보를 같이 하면서 첫 인연을 맺게 되었다.

### "누나, 내가 온다고 약속했잖아"

잡지 화보 촬영이 끝나고 압구정 고깃집에서 스태프들과 다 같이 밥을 먹고 있을 때 일우는 수줍게 나한테 말을 건넸다.

"제가 나이키 화보가 잘 나와서 첫 광고 계약이 되면 항정살 꼭 살게요!!"

나는 그저 귀여운 농담으로 넘겼지만 정말 며칠이 지나서 그에게서 연락이 왔다. 그의 첫마디는 이러했다.

"저 비타500 광고 모델 되었어요. 고기 살게요!"

그때 당시 비타500은 최고의 톱스타들만 광고 모델 계약을 했고 가수 비와 이효리에 이어 세 번째로 신인배우 정일우가 되었던 것이다. 그것만으로도 그의 인기를 증명할 수 있었다. 정말 그는 첫 광고를 계약하자마자 나는 기억도 제대로 못하고 넘겼던 그 약속을 마음껏 지켰고 나도 기분 좋게 그에게 항정살을 얻어먹은 기억이 있다.

하지만 이 약속은 시작에 불과했다. 2008년 나이키에서 처음으로 대규모 러닝 대회 '휴먼레이스(전 세계 백만 명의 러너들이 함께 달리는 역대 최대 규모의 레이스 대회)'를 개최하게 되었다. 첫 대회인

만큼 미디어 노출을 위해 많은 셀럽들이 함께 참여하여 셀레브레이션하는 마라톤 축제인 만큼 많은 연예인들을 내가 직접 초청했다. 그 당시 최고 인기를 누리던 정일우가 포토월 메인 1순위였고 그가 참석하면 실시간 포털 미디어를 장악하는 건 너무 당연한 일이었다.

그는 당연히 참석을 약속했지만 드라마 〈돌아온 일지매〉 촬영으로 행사 며칠 전부터 일본에 체류하고 있었다. 그의 일정은 휴먼레이스 행사 전날 한국에 도착해 행사장으로 오는 것이었는데 행사 이틀 전 일본에서 전화가 왔다. 일본에 태풍이 와 기후가 너무 안 좋아져서 비행기가 계속 결항 중이고 내일도 그럴 것 같다며 미리 연락을 해온 것이었다. 그러면서도 "누나, 걱정 마. 내가 무슨 수를 써서라도 꼭 갈게"라고 말했다.

나는 천재지변이니 너무 크게 생각하지 말라고 했다. 뾰족한 수가 있을 리 없었다. 말로는 괜찮다고는 했지만, 나이키에서 처음으로 몇십 억 원을 쏟아서 하는 글로벌 이벤트라 그의 참석 여부에 따라 미디어 노출의 양과 질이 달라지기 때문에 담당자로서 무척이나 애가 탔던 것도 사실이다. 역시나 행사 당일에도 비행기는 결항이라는 연락을 받았다. 나는 그의 참석은 포기한 채 행사 준비에 집중하고 있었다.

그런데 정말 기적처럼 행사장에 정일우가 너무도 밝은 얼굴로 들어오는 것이 아닌가! 나는 그 순간에 눈물이 핑 돌았다. 알고 보니 직항 비행기가 결항되어 국내선 비행기를 타고 다른 도시로 가 거기서 배를 타고 부산으로 왔고 부산에서 서울까지 차로 곧장 이동해서 온 것이었다.

"누나! 내가 온다고 약속했잖아!" 그 한마디만 던지고선 환한 미소로 나를 안심시켜주었다.

14년 전 "너무 우울해서 힘들어요!" 그 한 통의 전화에 한걸음에 내가 MBC 여의도로 쫓아가지 않았다면 그 공원에서의 2시간이 우리에게 없었다면 어땠을까? 지금도 가끔 궁금할 때가 있다.

나는 지금도 내가 먼저 연락을 해서 사람을 만나는 경우가 거의 없다. 하지만 그 누구든 어떤 순간이든 나를 정말로 필요로 하는 사람에게는 나의 시간은 늘 오픈되어 있다. 그 사람과의 관계가 오래되지 않았더라도, 깊지 않거나 친밀하지 않아도 개의치 않는다. 그 시간은 언제나 내게 몇 배로 값지게 돌아온다는 것을 믿는다.

# 시너지 유발자를 찾아라

## 재능 이상을 뽑아낼 수 있는 역량이 중요하다

"어떤 사람을 어떤 식으로 우리 브랜드와 연결시켜야 시너지 효과를 낼 수 있을까?"

나이키에서 일하면서 나한테 늘 숙제처럼 따라붙는 고민은 이것이었다. 끊임없이 진행되는 시즌 스토리마다 브랜드에 맞는 인적자산을 보유하고 이들을 얼마나 잘 활용하여 시너지를 극대화하느냐가 내가 맡은 일의 성패를 좌우했기 때문이다. 이 일은 또한 내가 리드하는 팀의 중요한 평가 기준이기도 했다.

이왕이면 다홍치마라고 투자 대비 성과가 좋은 사람을 찾는 것이 일차적인 목표였지만 그보다 더 중요한 것은 그 사람이 가지고 있는 재능 그 이상을 뽑아내는 역량이었다. 이 역량이야말로 마케터가 지녀야 할 가장 필수적인 핵심역량이라 할 수 있다.

## '가성비' 갑인 노보로 결정했다!

인적자원에 '가성비'라는 말을 쓰는 것은 외람된 일이지만 나에게 나이키 일을 하면서 가장 뛰어난 성과를 낸 사람이 누구였는지 묻는다면 나는 단연코 비주얼 아티스트 노보(NOVO)를 첫손가락에 꼽을 것이다. 지금 노보는 대중적으로도 유명세를 타고 있고 또 전반적으로 모든 분야를 아우르는 아티스트로서 폭넓은 활동을 하고 있지만 내가 그를 알게 된 2013년만 해도 그는 타투이스트로서의 정체성 하나밖에는 갖고 있지 않은 신인 가운데서도 '초'신인이었다.

당시 나이키는 2014년 브라질 월드컵에 맞춰 아티스트와 협업하여 '풋볼 빅토리 티셔츠' 발매를 계획하고 있었다. 그에 따라 콘셉트에 맞는 아티스트들을 찾는 중이었다. 내가 노보를 선택했던 것은 심플하면서도 귀여운 드로잉 형태의 타투 스타일이 마음에 들었던 점도 있었지만 그보다 더 압도했던 것은 그의 개성 있는 외모와 스타일의 완벽한 조화였다. 이 정도의 스타일이라면 나이키와 컬래버레이션을 결정하는 데 조금도 나무랄 것이 없다는 판단이 들었다.

그렇게 풋볼 티셔츠 아티스트 협업을 위해 우리는 뭉쳤다. 나는 그가 가지고 있는 매력과 재능을 그냥 한 번의 티셔츠 디자인으로 마무리하기에는 아쉬웠다. 역시나 습관처럼 “어떤 운동을 좋아해?” 하고 물었고 그는 가끔 아침에 집 근처에서 혼자 러닝을 한다고 대답했다. 하지만 그조차도 얼마 전 예쁜 아기가 태어난 후로는 잘 못하고 있다고 했다. 나는 기회라고 생각했다.

## 아침마다 동네 한 바퀴로 러닝 크루에 합류시키다

서울에는 나이키가 후원하고 각 문화계의 인플루언서 그룹들로 이루어진 PRRC(Private Road Running Club)라는 핫한 러닝 크루(Running Crew)가 있다. 지금은 러닝이 젊은 층들 사이에서도 크게 인기를 끌면서 전국적으로 러닝 크루라는 문화가 자리를 잡았지만, 그 문화를 일으킨 가장 큰 중심에는 PRRC가 있었다. 나는 노보에게 PRRC를 소개시켜주고 그들과 함께 달릴 것을 권유했다. 노보는 2014년 PRRC에 합류해 지금까지도 꾸준하게 그들과 함께 달리고 있다.

나의 목적은 심플했다. 노보가 아침마다 혼자 집 앞을 달리는 것이 혼자 생각을 정리할 수 있는 시간이라고 생각해 그에게 달리기는 단순히 러닝이 아니라 본인 작품 활동에서도 영감을 받고 혼자 집중할 수 있는 좋은 모티브가 될 거라고 확신했다. 그래서 정기적으로 함께 뛸 수 있는 PRRC를 연결시켰다. 그에게 크루로서 소속감과 책임감을 주고 프로젝트와 관련해서도 인플루언서끼리 서로 좋은 시너지 효과를 거둘 수 있으리라는 판단에서였다.

타투이스트는 직업 특성상 오전부터 활동하기엔 무리라서 아마 노보에게는 오전에 일어나는 일뿐 아니라 달리는 행위 자체가 너무 어려운 일이었을 것이다. 하지만 PRRC에는 DJ, 모델, 그래픽 아티스트 등 다양한 스트리트 컬처를 리드하는 사람들이 소속되어 있기 때문에 나는 노보가 그들과 함께 달리며 그 안에서 서로 좋은 시너지를 유발할 수 있으리라고 강하게 믿었다.

당시 나이키는 20대의 젊은 층에게 러닝 카테고리를 빠르게 전파시키고 마켓에서 이를 넘버원으로 성장시키기 위해 엄청 많은 투자와 자원을 강화하고 있었다. 그래서 '쿨한' 러닝 문화를 비주얼로 강력하게 보여줄 수 있는 대표 인플루언서가 필요했고 스타일까지 완벽한 타투이스트 노보가 러닝에 제대로 빠져주기만 한다면 더할 나위 없이 좋을 터였다.

나의 계획은 그야말로 완벽했다!

## 러닝으로 글로벌 나이키의 컬래버레이션을 이루다

나는 PRRC 멤버들에게 노보가 러닝에 재미를 잃지 않도록 지속적으로 돌봐주고 이끌어줄 것을 부탁했다. 이후 나는 노보를 몇 년 동안 러닝 관련 프로젝트에 계속 합류시키면서 잡지 화보, 광고, 룩북, 아트 작업, 프로모션 등을 함께 연결하여 나이키와의 연결고리를 견고하게 맺어갔다.

이후 노보는 무서운 속도로 러닝에 빠져들었고 언제부터인가 1년에 풀마라톤 코스 4회 출전과 철인 3종 경기까지 도전하는 선수가 되어 있었다. 국내뿐 아니라 러닝을 위해 도쿄, 홍콩, 뉴욕, 베를린 등 전 세계 도시의 러닝 크루와 함께 달리기도 했다.

나는 그가 러닝을 계속할 수 있도록 제품 지원뿐 아니라 포틀랜드에서 개최하는 세계 최대 릴레이 경주인 후드 투 코스트(Hood To Coast)에 참가시켜 잊지 못할 극한의 러닝을 맛보게 하기도 했다. 후드 투 코스트는 오리건주 최고봉인 마운트 후드 언덕에서 출발해 포틀랜드 대도시권을 거쳐 오리건주 해안가의 해변 타운까지 11명의 러너들과 팀을 이루어 약 320킬로미터를 1박 2일간 이어가는 릴레이 경주로 소위 장거리 달리기의 '끝판왕'이라고 불리는 대회였다.

### 1분 만에 완판을 기록한 '나이키 프리런 노보'의 위력

러닝에 미친 노보는 그렇게 러닝 크루에 열중하다가 나이키 미국 본사에서 제품 컬래버레이션 제안을 받게 되었다. 그리고

1년 가까이 디자인 작업을 거쳐 2018년 4월에 직접 디자인한 '노보 프리런' 러닝화가 전 세계적으로 발매되었고 국내 나이키 공식 온라인 스토어에서 1분 만에 완판을 기록했다. 나이키에서 본인의 이름을 건 시그니처 운동화가 글로벌 발매된다는 건 모든 아티스트가 로망하는 일이다.

'노보 프리런'은 아름답고 아티스틱한 디자인은 물론이고 기능적인 면에서도 실제 러닝하는 데 전혀 손색이 없어 소비자들의 큰 사랑을 받았다. 노보는 디테일 하나하나 완벽하게 본인의 생각을 고스란히 프리런에 담아냈다. 순백의 러닝화에 노보 특유의 낙서로 레터링을 한 디자인, 신발 앞코에 큼지막하게 쓴 'Hope'와 종이비행기 그림 등은 화려하면서도 세련된 나이키 브랜드와 잘 어울려 개성 넘치는 러닝화의 진수를 보여주기에 충분했다.

## 나에게 영감을 주는 사람을 만나라

우리는 어떤 식으로든 사람과 연결되고 관계를 맺어 일하게 된다. 이때 어떤 이는 마케터인 나에게 영감을 주어 긍정적인 시너지를 유발하도록 하는 촉진제 역할을 한다. 상대의 어떤 요소가 이런 효과를 불러일으키는지 일목요연하게 정리해서 말하기는 힘들지만 나의 오감이 때로는 육감까지 동원해서 '그래, 바로 이 사람이야!'라고 말해줄 때가 많은 탓이다.

브랜드 마케터들의 고민은 어떻게 사람과 브랜드를 또는 사람과 제품을 연결해서 긍정적인 시너지 효과를 낼 것인가에 있다. 그리고 그런 시너지 유발자를 발 빠르게 찾는 것이 우리의 숙명이다.

어떤 인플루언서가 브랜드를 대변하고 브랜드의 카테고리를 채울 수 있을지 또 어떤 인물과 컬래버레이션을 해야 소비자에게 적중할지를 고민해야 한다. 회사와 시너지 유발자의 연결 고리를 제대로 엮어 시행착오를 최소한으로 줄이는 것이 우리 직업이 추구하는 최종 목표이기 때문이다.

브랜드가 무엇을 원하는지 명확하게 이해한 다음에 시너지 유발자를 찾는 것이 매우 중요하다. 그 영향력을 다양하게 활용하여 에너지를 극대화하여 가성비를 높이는 것! 이것이 지금 시대가 절실히 필요로 하는 인플루언서 마케터의 핵심역량이다.

노보는 여전히 나를 만날 때마다 나에게 고마움을 표현한다. 그럴 때 나는 이렇게 말한다.

"나이키에서 노보 신발이 나올 수 있었던 건 네가 멋진 아티스트여서가 아니야! 네가 진정한 러너였기 때문에 가능했던 거야! 그걸 기억하고 계속 달려!"

이것이 '나이키 프리런 노보'의 진실이다. 그리고 나는 이 진심이 소비자들에게 통한 것이라고 생각한다.

## 송중기

# 그와의 공감대가 가져온 시너지 효과

### 아날로그맨 송중기

송중기 배우는 평소에 문자를 좋아하지 않는다. 그 흔한 메신저도 쓰지 않는다. 내게 연락할 때도 늘 전화를 건다. 그러고는 "누나 어디야? 기다려. 거기로 갈게!" 하고는 얼마 후 내 앞에 나타난다. 지인이 카페를 오픈했다며 더치커피 세트를 들고 나타날 때도 있고 어떤 날은 아저씨처럼 검정 비닐 봉다리를 들고 와서는 부모님이 너무 많이 보내줘서 나눠 먹자며 배즙이랑 감 몇 개를 놓고 사라지기도 한다.

나에게는 1년에 딱 두 번 033으로 시작하는 강원 지역 번호로 전화가 걸려오는데 설날과 추석에 명절 인사를 하는 송중기 배우다. 그를 처음 본 건 2008년 KBS 주말 드라마 〈내사랑 금지옥엽〉에서 지현우 배우의 남동생으로 나왔을 때였다.

몇 회 잠깐 봤는데 느낌이 좋고 잘될 것 같은 동물적인 촉이 온지라 어김없이 약속을 잡았다. 마침 홍대 나이키 매장에서 팝업스토어가 있어 나는 일주일 내내 행사장을 지켜야 했던지라 홍대에서 보기로 했다. 카페에서 보았을 때 첫 느낌은 방송보다 실물이 훨씬 더 바르고 똑 부러진다는 것이었다. 마치 대학교 신입생 같았다. 방영되던 드라마에서는 너무 철없는 주인공 남동생 역할에 얼굴도 지나치게 예쁘장해서 가벼운 캐릭터일 수도 있겠구나 생각했던 내 예상이 빗나간 순간이었다.

사실 신인 배우가 브랜드 관계자를 만나는 일도 별로 없지만 설령 만나게 되더라도 낯도 가리고 대화가 잘 이어지지 않아 어려워하는 경우가 대부분이다. 그러나 그는 처음부터 달랐다. 매우 유쾌하면서도 오버하거나 들뜨지 않고 본인의 생각들을 재치 있고 차근차근 잘 얘기했다. 하고 싶은 말들을 너무도 잘 표현하는 친구였다. 처음 만나서 거의 2시간을 훨씬 넘게 시간 가는 줄 모르고 수다 떨었던 기억이 새록새록 하다.

## 연결점을 찾다

그렇게 보석 같은 신인을 알게 되었고 그와 나이키와의 관계를 지속적으로 이어나가기 위해 어떤 점을 연결고리로 가져가면 좋을까 고민했다. 나는 첫 만남에서 그가 축구를 아주 좋아한다는 사실을 알게 되었다.

축구 경기, 축구 선수 관련 제품들에 대한 얘기들로 우리는 공감대를 형성할 수 있었고 한국 국가대표 경기가 있는 날이면 직접 경기장을 찾아가 함께 응원하며 직관하기도 했다. 함께 붉은색의 국가대표 유니폼을 입고 맥주 한 잔과 하나 된 마음으로 선수들을 응원하며 그렇게 우리는 한 팀이 되었다.

2010년 남아공 월드컵 기간에 중기한테 전화가 왔다.

"누나 뭐 해?"

"나? 직원들하고 맥주 마시고 있는데."

"축구 어디서 볼 거야?"

"나이키 팝업스토어 직원들하고 같이 볼 건데, 왜?"

"나도 갈게. 축구 같이 봐."

"오긴 어딜 와? 사람들 많아서 불편할 거야. 오지 마."

"지금 맥주 마시는 데가 어딘데?"

"여기? ○○○○."

"일단 나 그리로 간다. 기다려."

"완전 작고 허름한 곳이야. 불편할 거야."

나는 거듭 오겠다는 그에게 오지 말라고 몇 번이나 말렸다. 게다가 내가 있던 곳은 불쾌하게 코를 찌르는 듯한 냄새가 날 정도로 낡고 오래된, 오직 맥주맛과 푸짐한 안주맛으로 승부하는 작은 호프집이었다.

그럼에도 그는 역시나 "뭐 어때! 괜찮아!" 하면서 오겠다고 했다. 그 말이 떨어지고 얼마 안 있어 바로 도착했고, 처음 보는 나이키 직원들과 함께 치킨에 맥주를 마셨다. 지금처럼 최고의 톱스타는 아니었어도 당시에도 그는 어딜 가더라도 누구나 알아보는 인기 있는 배우였다. 드라마 〈트리플〉, 음악 프로그램 〈뮤직뱅크〉 MC 등 신인 배우로서 한창 주가가 오르고 있는 시절이었다. 그런데도 그는 우리 직원들과 어울려 허물없이 축구 경기를 관람했다.

자리를 옮겨 이어진 술자리에서 그는 선수들의 역량, 경기 분석까지 열정적으로 해대며 월드컵을 관람했고 테이블에 음료수나 맥주가 떨어지면 마치 신입 막내 직원처럼 센스 있게 주문하면서 직접 서빙까지 했다. 그때 함께 있었던 회사 선배들은 가끔 그에 대해 얘기할 때면 "진짜 그렇게 착하고 너무 괜찮더니 결국 이렇게 슈퍼스타가 될 줄 알았어" 하며 너스레를 떨곤 한다.

"뭐 어때! 괜찮아!"

송중기가 직접 프리미어리그를 직관하러 런던까지 갔을 때는 마침 박지성 선수가 출전하는 맨유 경기가 있었다. 박 선수의 팬이기도 한 그를 위해 나는 박지성에게 그 팬심을 전해줬고 너무 고맙게도 중기를 초대해줘 박 선수의 가족석에서 맨유 경기를 보는 행운을 얻기도 했다.

2015년 가을, 박지성 선수가 2016년 1월 상하이에서 개최되는 '2016 아시안 스마일 컵 인 차이나'라는 자선경기에 함께 참석할 만한 셀럽이 있으면 소개해달라는 연락이 왔다. 파워풀한 한국 셀럽이 자선경기에 같이 참석하고 친선 축구 경기를 하면 팬들이 많이 오므로 그만큼 기부할 수 있는 기회가 많아지기 때문이었다.

그래서 박지성 선수와 안면도 있고 축구도 좋아하는 중기한테 부탁했더니 역시나 그는 한 방에 오케이를 해주었다. 그런데 그해 11월 말 〈태양의 후예〉 촬영 중에 팔과 다리를 심하게 다쳐 전치 8주의 부상을 입었다. 나는 당연히 상하이에 가기로 한 거는 없던 일로 하자고 했지만, 그는 이미 약속한 거니깐 상태를 지켜보자고 했다.

2016년 1월 상하이에서 아시안 스마일 컵이 열리는 시점까지 그는 팔에 깁스를 하고 있었지만 "경기 못 하면 어때? 벤치에라도 앉아 있으면 되지! 뭐 어때 괜찮아!" 하며 나와 함께 상하이행 비행기를 탔다.

그에게도 축구를 통해 기부까지 이어지는 너무나도 의미있는 행사였고 자신이 너무 좋아하는 박지성 선수와의 약속을 꼭 지키고 싶었던 것 같다. 그가 의리 있게 약속을 지켜준 덕분에 나이키는 물론 나도 박지성 선수에게 위신을 세울 수 있었다. 그 이후 두 사람은 축구로 대동단결하여 지금까지도 좋은 관계를 유지하고 있다.

이렇게 신인 때부터 축구 사랑으로 하나가 된 우리는 지금까지 더 많은 것을 서로 얘기하고 의지하고 공유하며 성장해가고 있다. 같이 축구를 보며 열띤 토론과 열광을 한 지는 오래됐지만 12년 동안 변하지 않은 건 지금도 언제든지 족발에 소주 한잔 편하게 할 수 있는 좋은 동지라는 것이다.

# 세상에 '을'은 없다

갑과 을은 계약서에만 존재한다

가끔씩 에이전시(협력업체) 상대로 은근히 갑질을 하는 선배나 상사를 볼 때가 있다. 때로는 후배들에게서도 이런 행동을 볼 때가 있는데 그럴 때면 혹시 나한테 받은 스트레스를 푸는 건 아닌가 싶어 괜한 눈치를 보기도 한다.

나는 소비자와의 커뮤니케이션과 크리에이티브한 콘텐츠를 만드는 부서 중에서도, 특히 마케팅 파트에서 일하는 사람이라 수많은 에이전시와 일을 하게 되는데 에이전시야말로 나의 가장 중요한 파트너임을 잊어선 안 된다.

서로를 가장 믿고 협력하며 존중해야 할 관계다. 나에게 '갑'

과 '을'은 형식상 계약서에만 존재할 뿐이라는 걸…….

## 과도한 갑질에 업무를 중단시켜버렸다

나 역시도 이벤트 행사, 홍보 대행사, 제작물 디자인, PPL(제품 광고) 대행사 등 기본 3~4개의 협력업체와 긴밀하게 일을 해왔다. 그중에서도 PPL 회사와는 하루에 수십 개의 방송 협찬과 요청이 있기 때문에 가장 많은 컨펌과 커뮤니케이션이 빠르게 진행된다.

몇 년 전 잘나가는 간판 예능 프로그램이 있었다. 현금 PPL도 엄청 잘되고 특정 출연자는 스타일까지 좋아 그가 입으면 나이키에서도 실질적으로 매출로 이어지는 친구였다. 사실 나이키의 경우 어떤 셀럽이 입던 그 이슈와 상관없이 늘 잘되는 브랜드라고 생각하면 된다. 그럼에도 불구하고 유독 그 셀럽이 그 프로그램에서만 입으면 판매량 직결되는지라 대행사를 통해 그 친구에게 증정과 협찬을 엄청 밀어낸 적이 있었다. 물론 대행사의 나이키 전담 팀장이 워낙 잘했기 때문에 그런 결과가 나올 수 있었다고 생각한다.

그러던 어느 날 뉴욕으로 휴가를 떠났는데, 대행사 팀장으로부터 연락이 왔다. 그동안 그 셀럽에게 제품을 입히기 위해 말하지 못할 스트레스가 많았다는 내용이었다. 너무도 잘하고 있다고 생각했는데 그동안 자존심 상해가며 가슴앓이했을 그를 생각하니 마음이 안 좋았다.

그래서 단호하게 앞으로 그 셀럽 끊어버리고 담당 팀장에게는 며칠 휴가 가서 쉬라고, 나이키가 2주 정도 방송에 노출이 안 되고 협찬을 안 해도 아무 상관없으니 그냥 쉬라고 말했다. 그는 정말 그렇게 해도 되냐고 몇 번씩이나 물었다. 나는 오죽했으면 휴가 차 뉴욕에 있는 나한테 연락을 했을까 하는 생각에 오히려 미안한 마음이 들었다.

그는 아직도 내게 술 한잔 마시면서 지난 기억을 곱씹으며 고맙다는 말을 하곤 한다. 내가 그렇게 나올 줄은 몰랐다며……. 같이 일할 때마다 완벽한 나의 손발이 되어준 그 팀장은 그 이후로도 나이키를 위해 더욱 열심히 일해주었고 당연히 몇 배의 좋은 결과를 가져왔다. 대행사든 내 직속 부하 직원이든 팀원의 자존심을 지켜주는 것이 리더로서 당연히 해야 할 책임이라고 생각한다.

## 화장실 들어갈 때와 나올 때 다르다더니

어떤 유명 예능 프로그램에서 PPL이 갑자기 취소되었다며 우리 대행사 쪽으로 급하게 SOS를 친 적이 있었다. 상황이 이러니 현금 지원 없이 제품만 주면 진행하겠다는 것이었다. 이렇게 평소 친분이 있으면 우선순위로 정보를 받고 틈새로 들어가는 경우도 많다. 우리 입장에서는 너무도 좋은 기회였다.

우리는 제품에 테이핑이나 모자이크를 처리하면 안 들어가겠다고 했고 방송국 쪽에서도 급하게 요청해서 도움받아야 하는 상황이니 제작 지원 형태처럼 로고를 절대 지우거나 훼손하는 일이 없을 거라고 몇 번의 약속 끝에 진행을 시키기로 했다.

나는 원하는 제품을 물류센터에 빌다시피 하여 많은 물량을 급송했고 이틀 뒤 대행사 나이키 전담 직원이 새벽부터 제품을 직접 싣고 촬영장에 도착하였다.

그런데 몇 시간 뒤 대행사 직원으로부터 전화가 왔다. 그들이 철석같이 약속해놓고 무조건 공식 PPL 제작 지원이 아니니 테이핑 처리를 하겠다며 테이프를 붙이기 시작했다는 거였다. 정말 화장실 들어갈 때와 나올 때 다르다더니…….

우리 대행사 직원은 아무 죄도 없는데 중간에서 쩔쩔매고 클라이언트인 내 눈치 보랴 현장 눈치 보랴 똥줄이 엄청 탔을 것이다. 나는 계속 안 된다, 테이핑을 풀어보라고 푸시했지만 끝내 어렵다는 전화를 받았다.

어느 정도 시간이 흐르고 전혀 해결점이 없다고 판단되자 나는 대행사 직원에게 단호하게 말했다.

“지금부터 잘 들어요. 지금 가서 출연자들 제품 다 수거해서 갖고 들어오세요! 다시는 거기 안 들어가도 상관없으니 다 철수

합시다!" 직원은 정말로 제품을 다 수거해서 박스에 담았고 그 길로 방송국을 나와 본사로 출발했다. 방송국에서는 촬영 직전 옷이 몽땅 없어진 상황을 보고 기겁해서 곧바로 우리 쪽으로 급히 연락을 해왔다. 우리는 전략이 성공한 뒤 차량을 돌려 방송국으로 다시 돌아갔다. 그 이후로 우리 제품은 어떤 테이핑이나 모자이크 없이 내내 방송될 수 있었다.

### 내 팀원은 내가 지킨다

그 당시 방송국과 대행사 쪽 누구의 잘못인지 확신할 수는 없다. 커뮤니케이션하는 과정에서 우리 대행사 직원이 실수했거나 정말 그들이 말을 바꾼 것일 수도 있다. 나에게 중요한 건 현장에서 나를 대신해서 일을 하고 있는 직원에게 힘을 실어주고 동일한 메시지로 한편이 되어 얘기해야 한다는 것이다.

우리는 지금도 누군가와 끊임없이 협업하지 않으면 살아나갈 수 없다. 나와 가장 밀접하게 일하는 파트너를 진심으로 믿어주고 힘을 실어주는 건 너무도 중요하다. 특히 그들이 일을 효율적으로 잘할 수 있도록 명확하고 분명한 디렉션과 방향성을 제시해주는 건 더욱 중요하다. 파트너들을 신뢰하고 존중하는 마음으로 대한다면 회사 내에서 나의 입지를 더욱 확고하게 만들어줄 만족스러운 결과가 분명히 나올 것이다.

앞으로 어떤 일을 하더라도 갑과 을은 형식상에만 존재할 뿐 협업하지 않으면 절대 좋은 결과를 내지 못할 것이다. 갑질이라는 단어에 너무 현혹되지 말고 나의 사람과 파트너를 소중히 대하고 관계를 지켜나가는 것이 정말 중요하다.

## 이병헌

# 막무가내로 부딪힌 행동력이 통하다

### 안 되는 줄 뻔히 알면서도

2002년도쯤이었던 걸로 기억한다. 이병헌 배우를 만나기 위해 혼자 그를 찾아간 적이 있다. 당시 이병헌은 하이틴 스타로 출발하여 〈번지점프를 하다〉, 〈해피 투게더〉, 〈아름다운 날들〉 등 영화와 드라마에서 최고의 인기를 누리고 있었다. 이정재 배우, 정우성 배우와 함께 그중에서도 제일 빠르게 성장하고 인기가 가장 많은 배우였던 걸로 기억한다.

그 당시 나이키는 의류 비즈니스를 성장시키기 위해 스포츠에만 국한되어 있던 기능성 의류에서 스타일을 더한 라이프스타일군 론칭 계획을 야심차게 세우고 있었다. 론칭을 위한 화보를 제작 중이었는데 화보 모델은 이병헌 배우가 캐스팅되어 있었다. 운동선수가 아닌 연예인 잡지 화보는 처음이었던 것 같다. 추억의 잡지 〈신디더퍼키〉(2000년대 파워풀했던 청소년 패션잡지)와 함께 이병헌과 파리 로케이션 촬영으로 유가 화보(잡지사에서 돈을 지불하고 진행하는 화보)를 진행하게 되었다.

촬영이 끝난 후 나이키의 일부 리더십들만 모인 자리에서 릴리즈 전 내부용으로 이병헌의 화보 이미지를 받게 되었는데 그게 화근이었다. 사진이 우리가 생각한 것보다 훨씬 멋지게 나왔고, 임원진들이 사진을 보자 욕심을 부리며 기자랑 잘 얘기해서 화보에 F2(새롭게 론칭하는 의류 라인 로고) 로고를 아예 넣을 수 있도록 방법을 생각해보라는 것이었다.

잡지 유가 화보는 원칙상 스폰서 이름만 들어갈 뿐 셀럽 페이지에 광고처럼 브랜드 로고를 절대 넣을 수 없었다. 정말 중요한 프로젝트인 만큼 회사 내부의 욕심은 충분히 이해하겠지만 말도 안 되는 접근이었다.

그럼에도 불구하고 나는 일단 부딪혀보는 성격이라 기자에게 바로 연락했다. 결과는 뻔했다. 이건 매체에서도 전혀 권한이 없으며 초상권은 연예인에게 있다고, 본인들은 절대 할 수 없는 일이라며 딱 잘라 거절했다. 내가 계속 몇 번이고 집요하게 조르자 담당 기자도 질렸는지 그럼 이병헌 매니저 연락처를 줄 테니 직접 얘기해보라고 했다.

그 담당도 브랜드에 대한 마지막 최소한의 배려라고 생각하고 연락처를 알려줬던 것 같다. 안 될 줄 뻔히 알면서도.

## 진짜가 나타났다

이병헌 매니저와 가까스로 약속을 잡고, 지금은 없어진 압구정동 디자이너스 클럽 옆 커피빈으로 갔다. 지금까지도 나는 그 카페는 물론이고 내가 앉았던 테이블 위치까지 정확히 기억한다.

나는 '어떻게 잘 빌어서 부탁해볼까?'부터 시작해서 각종 시나리오를 머릿속에 그리며 기다리고 있었다. 근데 그때 나타난 사람은 매니저가 아닌 이병헌 배우였다. 그 순간 너무 당황해서 아무것도 보이지 않았다. 머릿속이 백지가 되어 어떤 시나리오도 대사도 읊을 수가 없이 하얘졌다.

이병헌은 내 기억에 한 10분 정도 내게 시간을 주었던 것 같다. 당시 나는 엄청 버벅거리며 그저 부탁하고자 하는 말을 배우의 얼굴도 제대로 쳐다보지 못한 채 잡지책에 고개를 박고 말했던 것 같다. 지금도 그날을 생각하면 등에 땀이 흐르고 소름 끼치는 부끄러운 영화의 한 장면처럼 느껴진다.

직접 눈을 마주치지 못해 100퍼센트 장담은 못하지만 분명 그의 시선은 나를 향해 있었고 분명 속으로는 이렇게 생각하고 있을 것 같았다. '나이키 담당이라고 해서 꽤 높은 사람이 당연히

나올 줄 알았는데 저런 애송이같이 말도 제대로 못하는 모자란 여직원을 달랑 내보냈어?'

그의 속마음이 그대로 읽혀지는 듯한 기분에 나의 혀는 더 꼬여만 갔다. 망했다라는 체념과 동시에 그는 나의 이야기를 가만히 듣더니 짧게 한마디했다.

"그렇게 하죠!"

전혀 기대하지 못한 그 한마디에 꿈을 꾸고 있는 것 같았다. 난 진짜 아무것도 한 게 없는데, 오히려 내가 준비한 말은 단 10퍼센트도 전하지 못하고 상기된 얼굴로 더듬거리기만 했던 것 같은데, 그는 쿨하게 한마디하곤 무심히 자리에서 일어났고 나는 뜻밖의 성과를 거두게 되었다.

모든 화보 페이지에 F2라는 로고와 함께 릴리즈되어 마켓에서의 반응은 당연히 몇 배의 결과로 돌아왔고 순식간에 의류 브랜드 이미지도 빠르게 확산되었다.

만일 내가 이병헌 같은 슈퍼스타는 절대 날 만나주지 않을 거라 생각하고 포기했더라면 이런 뜻밖의 성과는 결코 내 것이 되지 못했을 것이다. 식상한 말이긴 하지만 아무리 뻔한 결과를 예상하더라도 일단 부딪혀보자. 부딪혀 깨지면 어떤가. 그 이후에 포기해도 절대 늦지 않다.

### “영미 씨!” 하고 누군가 부르는 소리에

그렇게 몇 개월이 지나고 나와 친한 지인 중 한 명의 친구가 청담동에서 바를 오픈한다고 같이 놀러가자고 해서 여러 명과 함께 동반하게 되었다. 구석 테이블에서 웃고 떠들며 좋은 시간을 보내고 있었는데 누군가 갑자기 “영미 씨!” 하고 부르는 게 아닌가? 내 이름을 아는 사람이 누구인가 싶어 돌아보니 황당하게도 이병헌이었다. 나는 순간 또 한 번 기절하는 줄 알았다. 그도 본인 스태프들과 함께 지인의 오픈 파티에 놀러왔던 차였다.

나를 기겁하게 만든 건 내 이름을 기억하고 있었다는 사실이었다. 정말 믿기지 않고 너무 놀랍고 신기했다. 여튼 뜻하지 않게 우리는 그곳에서 생각보다 긴 시간 동안 이런저런 대화를 나누게 되었고, 그것이 계기가 되어 이후로 오랫동안 좋은 친구로 지내게 되었다.

나는 한 번도 내 이름을 어떻게 기억하고 있었냐고 물어보지는 못했지만 오랜 시간 그를 보면서 굳이 묻지 않아도 알 수 있었다. 그는 디테일한 관심과 통찰력으로 모든 사물과 순간들을 기억하는 배우였고, 사람들이 무엇을 원하는지 너무도 잘 파악하는 사람이었다. 또한 그렇게 하기 위해 끊임없이 노력하는 배우였고, 그 사실 때문에 지금까지도 많은 사랑과 인정을 받으며 롱런하는 훌륭한 배우라고 나는 생각한다.

어쩌면 그도 나처럼 어떤 사람을 만나도 그 순간순간을 기억하기 위해 모두 기록하는 그만의 노하우가 분명 있을 것 같다는 생각을 해본다.

### 스타에서 친구로

2002년부터 지금까지 이병헌 배우는 전혀 변함이 없는 사람이다. 제주도였던가? 드라마 〈올인〉 촬영 중간에 운동하는 신이 갑자기 생겼다며 나이키 제품을 보내주면 바로 입어주겠다고 직접 연락까지 해주는 세심하고 배려 있는 친구다.

또 어떤 날은 뜬금없이 명동 나이키 매장에서 촬영을 할 수 있게 해달라고 갑자기 부탁해오기도 한다. 그날 촬영은 〈내셔널 지오그래픽〉 방송이었던 것으로 기억한다. 해외 촬영팀이 직접 나와 그를 소개하는 장면이었는데, 장소가 명동이라 이왕이면 나이키에서 하면 영미 너한테 도움이 되지 않을까 하여 전화를 했다는 말에 감동을 받지 않을 수 없었다.

이 촬영이 있고 나서 몇 달 뒤 이상하리만치 많은 해외 관광객들이 명동 매장에 몰려왔다고 한다. 이병헌 배우가 방문했던 매장이라는 후광 효과는 실로 대단했다.

사석에서 만날 기회는 거의 없었지만 늘 나에게 실질적으로 도움을 줄 수 있는 기회가 있으면 잊지 않고 찾아주는 고마운 친구다. 나는 사실 친구라는 표현을 잘 안 한다. 왜냐하면 셀럽과의 친분이라는 말 자체가 너무도 주관적이라 내가 먼저 그런 말을 하는 것조차도 상대에게 실례가 될까 봐서다.

반면 그는 어디에서든 누구에게든 나를 친구라고 소개해준다. 더 중요한 건 나이키 친구가 아니라, 친한 친구인데 나이키에서 일하고 있다고 표현해주는 이병헌은 그 자체로 섬세한 결을 지닌 사람임에 틀림없다.

# 보스를 활용하라

## 상사는 로또다, 안 맞는 게 당연하다

직장 다니는 사람치고 상사에 대한 고민 한번 안 해본 이는 없을 것이다. 누구의 밑에서 일하는 한 이 사실은 변함이 없다. 또한 시기와 위치에 따라 더 미치느냐 덜 미치느냐의 차이일 뿐 피할 방법은 없다.

내가 신입 사원 때 그리고 리더가 되었을 때도 상사에 대한 고민은 여전히 있었다. 유일하게 변하지 않는 부분은 상사에게 찍혀서 좋을 것 없다는 불변의 법칙이었다. 어중간하게 반항하면 더 괴롭고 피곤하다. 시키는 일에 충실하고 무조건 모르는 것은 물어봐라. 스스로 해보겠다고 하다가 오히려 일이 꼬이거나 실수하는 것보다는 솔직하게 물어보는 게 답일 때도 있다. 이것이 상사에게 어필하는 방법 중 하나다. 너무 어렵게 대하지 말고 조금은 상사에게 어리광 부려도 괜찮다!

게다가 평소에 자신이 이런 캐릭터임을 인지시켜놓아야 가끔 하기 싫은 지시가 떨어질 때 밉살스럽지 않게 자연스레 거절할 수 있다. 그리고 어떤 문제점이나 불만이 있을 때는 확실하게 본인의 뜻을 전달하되 은연중에 팀을 위해 또는 회사를 위해 하는 업무라는 열정을 보이면서 어필하는 게 좋다. 내가 아닌 우리라는 느낌으로 커뮤니케이션하는 스킬을 갖는 것도 중요하다.

### 새 보스 등장과 함께 사라진 보직

상사라고 다 같은 상사가 아니다. 나와 맞는 상사가 있는가 하면 안 맞는 상사도 있다. 또 능력 있는 상사가 있고 무능력한 상사도 있는 게 사실이다. 때로는 어떤 상사를 만나느냐에 따라 자신이 일한 만큼 인정받지 못할 수도 있다. 이럴 경우, 일한 만큼 인정받지 못하는 것도 억울한데 우선순위에 밀려 불이익을 당할 때도 있다. 그러나 너무 억울해하지 말자. 상사라고 영원히 상사의 자리에 있으라는 법은 없으니까.

나 역시 내게 기회를 주고 좋은 영향을 주었던 보스는 나로 하여금 더욱 충성하게 만들었고, 코드가 정서적으로 안 맞는 보스와는 대화조차 어려울 때도 있었다. 나보다 한참 부족한 리더십과 사람을 제대로 판단할 수 있는 안목이 없는 것은 물론이고 본인의 이익과 출세에만 급급하여 '어떻게 저 자리까지 올라갔나?' 싶은 상사가 허다한 것도 사실이다.

B 상사는 마케팅 경력이 없는데도 무슨 이유에선지 핵심 부서인 마케팅으로 발령받은 직후 조직 개편을 강행하였다. 어떤 사명이라도 받은 것마냥 개편의 칼날을 거세게 휘둘렀고 후배들이 존경하고 믿고 따르던 선배들이 강제 퇴직을 당하게 되었다. 나는 핵심 부서인 마케팅 브랜드팀에 있었음에도 '오퍼레이션 비서'로 발령이 났다. 오퍼레이션 비서란 특정 마케팅 전문 영역이 아닌 전반적인 서포트 역할만을 담당하는 직무를 말한다.

너무 어이가 없고 기막혀하는 사이 바깥으로 소문이 났는지 바로 A경쟁사로부터 좋은 조건으로 이직 제안이 들어왔다. 반은 홧김에 인터뷰를 보고 A사로 출근 일정까지 확정 지은 날, B 상사가 느닷없이 자신이 경솔했다며 퇴사 보류와 함께 원하는 팀으로 바로 옮겨주어 이직이 성사되지는 않았지만, 당시의 일은 내게 '상사란 무엇인가?'라는 큰 화두를 안겨준 일로 기억에 남아 있다.

그럼에도 회사에 몸담고 있는 한 상사의 지시에 크게 어긋나는 행동은 하지 않는다는 내 철칙에는 변함이 없다. 내가 이 철칙을 지킬 수 있었던 데에는 불변의 진리를 믿는 덕분이다.

그 불변의 진리란 이것이다. "능력 없는 보스는 반드시 나보다 먼저 사라진다. 그러니 걱정하지 마라."

### 어느 순간 로또 같은 짜릿한 행운을 줄 때도 있다

그러나 안 좋은 보스만 있는 것은 아니다. 나와 20년 넘게 관계를 이어가며 진정한 동료가 되어주는 보스도 있다.

마케팅 부서에서 내가 처음 모셨던 팀장님은 매우 무뚝뚝한 성품의 소유자였다. 조금은 무섭게 보이는 외모도 한몫했던 것 같다. 필요한 말만 툭툭 던지시는 것도 위엄이 느껴졌고 주눅까지 들게 만들어 눈빛도 마주치고 싶지 않은 분이었다.

그러던 어느 날 나에게 몇 가지 업무 지시를 하셨고, 나는 나름 열심히 준비해서 보고했는데 그때 팀장님이 해주신 말이 아직도 기억에 남는다.

"너에게 일을 던질 때는 크게 기대하는 마음 없이 절반 정도는 해오겠지 하는 마음으로 시키는데, 너는 늘 완벽한 10점은 아니어도 7~8점까지는 해오는 늘 성장하는 직원이다."

무섭게만 느껴졌던 팀장님의 그 한마디는 칭찬에 굶주렸던 나에게 가뭄의 단비처럼 큰 힘이 되었다. 나에게 '스타 마케팅'이라는 셀럽을 담당하는 중요한 일을 맡겨준 것도 그분이었다. 당시 그 팀장님이 나에게 그런 기회를 주지 않았다면 지금의 이영미는 없었을지도 모른다.

팀장님과 나는 지금도 가끔 만나 소주 한잔하며 옛날이야기를 나누는 사이다. 그분과 시간을 거슬러 이야기를 나누다 보면 풋풋한 신입 사원 시절로 돌아간 것 같아 마음이 따뜻해진다.

상사와의 소통은 때로는 수많은 말보다 서로를 이해하려는 마음 하나, 세밀히 관찰하려는 관심 하나로도 때론 충분하다. 능력 있는 상사는 부하직원이 최대한 역량을 끌어올릴 수 있도록 함께 등을 밀어주고 스스로 에너지를 끌어올릴 수 있도록 큰 원동력이 되어준다.

그런 마음이 조금이라도 들게 하는 보스라면 피하지 말고 적극 활용하라! 상사의 마음을 열게 하고 그가 가진 노하우를 당신에게 풀도록 자극하고 당신 편으로 만들기 위해 일단 따르는 게 현명하다. 일을 안 하는 보스일수록 당신에게 기회는 빨리 올 것이며 이것저것 다 안 되면 기다려라. 어차피 그런 상사는 곧 사라지니까.

# 안 되는 일에 힘 빼지 마라

## "stupid" 한마디에 안드로메다로 간 나의 멘탈

직장생활을 하면서 누구나 몇 번의 고비가 찾아온다. 나 역시 그랬다. 글로벌 기업에서 근무하면서 가장 큰 도전과 나를 위축하게 만들었던 가장 큰 요인은 영어였다. 특히 핵심 부서인 마케팅은 완벽한 영어 능력이 필수였기 때문에 모든 팀원이 영어를 굉장히 잘한다.

물론 나도 노력을 안 했던 건 아니다. 입사 초반부터 영어 일대일 프리토킹, 온라인 학습, 문법 등 별의별 방법을 동원했지만 일에 쫓기다 보면 맥이 끊기기 일쑤였고 꾸준히 시간을 내서 하기가 무엇보다 벅찼다. 학창 시절부터 공부 머리는 뛰어나지 않았던 탓에 나이 들어서 하는 공부가 잘될 리 만무했다.

그런 상황에서 글로벌 임원급 자제가 낙하산으로 마케팅 부서에 입사했다. 한국계 미국인이었던 그녀는 한국말을 거의 할 줄 몰랐다. 나와 연관되어 있던 일들이 많았던지라 대화가 자유롭지 않아 그녀는 답답하고 불편했던 것 같다. 나 역시 마찬가지였다.

그러던 어느 날 미팅 중에 그녀가 어떤 직원과 얘기하면서 "stupid"라고 하는 말을 똑똑히 들었고 나는 한 방에 그 말이 나를 가리키는 말이라는 걸 감지할 수 있었다. 아니, 그녀는 공식 미팅 자리에서 영어를 못하는 나에게 비야냥거림은 물론 내가 없는 곳에서는 더한 말들로 나를 무시했을 것이라는 확신도 들었다. 그땐 나도 루키 시절이었고 본사 '빽'으로 들어온 낙하산에게 한마디도 못한 나 자신이 스스로 너무 억울했다. 모든 동료들이 마치 나를 그렇게 바라보는 것 같았다. 'stupid'라는 그 단어와 나를 깔보는 듯한 그녀의 표정이 몇 개월, 아니 몇 년 동안 지워지지 않았다.

## 제대로 엎친 데 덮친 격

영어에 대한 트라우마가 조금씩 회복되고 있을 때 마케팅 최고 보스로 본사 엑스팻이 왔다. 그의 이름은 마빈 차우(Marvin

Chow)로 중국계 미국인이었다. 영어가 거의 안 되는 나로서는 퇴사까지 생각되는 순간이었다.

나는 그 당시 마케팅의 핵심 전략을 기획하는 브랜드팀에서 우먼스와 라이프스타일 카테고리를 맡고 있었다. 브랜드팀은 모든 프로젝트를 기획하고 리드하여 최고 보스에게 보고하는 일련의 과정을 맡는 부서로, 최종 결정이 날 수 있도록 커뮤니케이션하는 일이 핵심 업무인 부서였다. 커뮤니케이션이 핵심 직무인 나에게 외국인 보스가 온다는 것은 청천벽력 같은 일이었다.

심지어 그가 오자마자 한 일은 모든 마케팅 직원과의 일대일 면담이었다. 이유는 면담을 통한 효율적인 조직 변경이 목적이었다. 나는 통역을 위해 부득이하게 직속 상관인 팀장과 동석하여 마빈과 마주하게 되었다. 나는 그날 '그래, 마음 비우자. 까짓 잘리면 나가면 되지. 그것밖에 더 있겠어!!' 하는 자포자기 심정으로 면담에 임했었다.

## 이래서 끝날 때까지 끝난 게 아니라고 했던가

하지만 마빈의 첫마디는 너무도 간결했다.

"No problem!"

"한국 엔터테인먼트의 영향력은 앞으로 더욱 커질 것이고 그런 만큼 그 직무는 매우 중요하게 될 것이다. 나는 그 팀을 별도로 구성하여 핵심 팀으로 키울 것이다. 그 팀에 당신이 스타 마케팅팀의 리더로 가는 것이 매우 합당하고 좋은 일이라고 생각한다.”

내 예상에 없던 시나리오였다. ‘나에게 오히려 팀을 만들어 맡겨준다고?’ 내 역량을 믿고 팀장으로 프로모션까지 해준다니…….

나는 솔직하게 얘기했다.

“잘 모르시겠지만 나는 영어를 거의 하지 못한다. 당신이 많이 불편하고 답답할 것이다. 그래서 이 조직에 내가 남아 있는 게 맞는지 모르겠다.”

그런 나에게 마빈은 다시 한 번 더 명쾌하게 답변했다. 그의 그 말은 15년이 지난 지금도 내 가슴속에 생생하게 남아 있다.

“영미, 당신이 하는 일에서 영어를 못하기 때문에 문제될 것은 아무것도 없습니다! 당신은 무엇이든 잘할 수 있다고 나는 생각합니다. 당신의 직업은 정말로 유니크한 일입니다. 자신감을 가져요. 영미는 나이키에서 없어서는 안 될 대체 불가능한 중요한 자산입니다.”

이렇게 해서 나는 잘릴 것이라는 예상을 뒤엎고 마케팅 첫 여성 ‘부장’이라는 타이틀을 달게 되었다.

스튜핏에서 록스타로!

마빈이 나에게 처음으로 지시한 일은 한국 엔터테인먼트에 대한 자료 조사였다. 뮤직, 영화, 방송, 셀럽에 초점을 맞추어 국내뿐만 아니라 아시아까지 포함하여 많은 자료를 모아주길 바랐다. 나는 그 데이터를 중심으로 프레젠테이션 데크를 만들기 시작했다. 몇 번의 수정과 보완으로 전략적이고 매력적인 PPT가 완성된 후 마빈은 나와 함께 LA 비행기에 몸을 실었다.

LA에서 나는 25년 동안 나이키에서 오직 스타 마케팅을 전담해온 팸 매코넬이라는 전설적인 부사장(VP)을 만나 마빈과 함께 코리아 스타 마케팅에 대해 발표하게 되었다.

결과는 만족스러웠다. 팸 매코넬을 설득시키는 데 성공한 나는 독립된 스타 마케팅팀을 보장받고 본사로부터 최대한의 지원을 받아냈다. 마빈은 내게 새로운 깨달음을 주었다. 의사소통이 잘 안 되는 나 때문에 많이 불편하고 답답했을 텐데 오히려 내가 조금이라도 자신감을 잃거나 의기소침할까 봐 늘 칭찬과 격려로 나의 리더십을 굳게 믿어주고 인정해주었다.

마빈을 만나기 전까지만 해도 어설픈 영어라도 해보겠다고 새벽마다 학원을 전전긍긍 다니며 에너지를 쏟았다. 그러나 효율성이 떨어지던 영어 공부를 과감히 포기하자 새벽 시간은 내가 잘할 수 있는 일에 몰두할 수 있는 귀중한 시간으로 돌아왔다. 영어에 대한 강박을 벗어던진 뒤부터 내가 잘할 수 있는 일에 내 시간을 집중하여 나만의 '스페셜리티'를 개발하는 데 집중했다. 그리고 나만의 강점과 독특함을 발전시켜 결과로 승부하기로 마음을 바꾸었다.

내가 하고 싶은 말은 어차피 안 되는 것에 스트레스받으며 힘 빼지 말고 자신이 잘할 수 있는 것에 에너지를 집중하자는 것이다. 영어를 잘하는 사람은 얼마든지 많다. 우리나라에 영어 능력자라면 얼마든지 대체 가능한 인력이 많다. 그런 이들과 영어로 경쟁하느라 주눅 들 필요도 시간 낭비할 필요도 없다는 사실을 인정하자. 그럴 시간에 나만이 할 수 있는 역량을 더욱 강하게 키워 대체 불가능한 사람이 되자.

마빈은 사람들 앞에서 나를 소개할 때 "Youngmi! Rockstar!"라며 흥분하며 얘기하곤 했다. 나를 록스타라고 불러주던 그 한마디에 많은 힘과 에너지를 얻었다. 마빈의 록스타가 어떤 의미인지, 그가 생각하는 록스타와 내가 생각하는 록스타가 100퍼센트 같은 의미는 아닐지라도 나는 스튜핏에서 록스타로 글로벌 회사의 스타 마케팅 부장의 자리에서 전 세계를 상대로 내가 가진 자산과 능력을 마음껏 펼칠 수 있었다.

# 동기부여의 중요성

## 누군가 해야 할 일이라면 내가 처음으로 하는 게 맞다

나이키에서 본격적으로 러닝 카테고리를 추진하면서 매 시즌마다 새로운 전략과 플랜을 발전시키는 것이 나에겐 너무 큰 도전 과제였다. 위런서울, 우먼스레이스 등 애프터 콘서트까지 이어지는 대규모 페스티벌 러닝 행사는 10분 만에 2만 명이 솔드아웃될 정도로 에너지가 폭발적이었다. 하지만 그다음 고민은 하루만 반짝 즐기는 대규모 이벤트성 레이스로만 끝나는 게 아닌 어떻게 하면 그들을 매일매일 달리는 진정한 러너로 만들 수 있을까 하는 것이 큰 숙제였다.

나는 인플루언서 마케팅을 리드하고 있던 터라 우리가 직접 인플루언서를 모아 러닝 크루를 결성하여 장기적으로 커뮤니티를 강하게 가져가는 게 중요하다는 생각이 들었다.

2015년부터 하나둘씩 멤버를 모으기 시작했지만 생각보다 쉽지 않았다. 젊은 친구들이 러닝을 안 하는 것도 문제이지만 직업도 모두 다르고 유니크한 개성이 강한 사람들끼리 같은 시간에 모여 정기적으로 운동을 한다는 것도 거의 불가능한 일이었다. 러닝이라는 운동이 그들에게는 지겹거나 또는 필요하면 헬스장에 가서 해도 되는 운동이었다. 의무적으로 정해진 시간에 나가야 한다는 것 자체도 부담이고 해야 할 이유가 굳이 없었다. 예의상 몇 번은 참석할 수 있겠지만 더욱 힘든 건 그걸 지속한다는 도전이었다. 하지만 나는 오래 고민하지 않았다. 어떤 브랜드든 누군가는 해야 할 일이고 그렇다면 내가 처음으로 하는 게 맞다고!

## NRG Running Crew의 시작

나는 2015년 NRG Runner(NRG는 에너지의 약자로 내가 속해 있는 에너지 마케팅 명칭을 따서 만들었다)라는 이름으로 러닝 크루를 창단했고 지금도 수많은 인플루언서들이 그 그룹에 들어가려고 기회를 엿보고 있다. 너무도 핫한 러닝 크루가 되었기 때문이다. 그렇게 되기까지 많은 시행착오와 노력이 있었다. 처음에는 한 명이 나올 때도 있었고 멤버들도 들쑥날쑥해서 오래 버티지 못하고 빈번하게 교체되었다. 내가 지금까지 유독 NRG 러닝 크루에 애정이 있는 건 물론 내가 창단했기 때문도 있지만 무엇보다 내가 한명 한명 개별로 접촉하여 멤버를 구성했다는 것에 더 큰 의미가 있다.

나는 운동에 관심 있는 인플루언서에 대한 정보를 하나둘씩 모으고 개별 접촉을 시도하고 그들이 계속 운동할 수 있도록 다음 네 가지에 맞춰 추진했다.

'Goal Setting(목표 설정) + Support(지지)&Motivation(동기부여) + Services(지원) + Reward(보상)'

제일 처음에는 각자 러닝을 통해 어떤 것을 이루고 싶은지 목표를 구체적으로 세우고 다른 사람들 앞에서 서로 공표하는 시간을 가졌고 그다음에는 매주 수요일 저녁마다 정기적으로 전문 러닝 코치 두 명과 함께 코칭 및 러닝을 함께했다. 초급, 중급, 고급반으로 나눠 코칭했기에 개개인이 포기하지 않도록 동기를 부여했다. 그러나 남, 여 혼성으로 같이 뛰다 보니 여성 러너들은 처음 러닝에 입문한 멤버들이 대부분이라 상대적으로 페이스가 벌어지면서 그만두려는 사람들이 나타나기 시작했다. 그래서 우먼스 러닝 크루를 별도로 분리하여 더 잘 달릴 수 있도록 집중

훈련하였다. 지루함을 줄이기 위해 러닝 코스도 다양하게 진행하면서 분기별로 목표를 정해 우리 대회가 아닌 다른 대규모 10킬로미터 러닝 대회도 같이 나가 완주의 기쁨을 누릴 수 있게 동기부여를 계속 유도하며 우리는 러닝 크루라는 소속감을 확실하게 가져갈 수 있도록 했다. 그렇게 2년 동안 집중해서 공을 들이고 나니 팀은 너무도 잘 유지가 되었고 일명 물 좋은 인플루언서 러닝 크루로서 확실하게 자리매김하게 되었다.

그렇게 나이키에서는 10킬로미터를 넘어 여성들을 하드코어 러너로 만들기 위한 '우먼스 하프 마라톤'을 개최하게 되었다. 나는 지속적으로 여자 인플루언서들을 트레이닝시켜 하프 마라톤에 도전하기로 하고 몇몇을 후보로 올리고 물밑 작업에 들어가기 시작했다.

## 시뻘개진 얼굴로 그녀가 내게 달려왔다

2016년 11월, MBC 간판 예능 프로그램인 라디오 스타 메인 로고 디자인과 국내에서 다양한 프로젝트를 통해 일러스트레이터로 활동하고 있는 윤예지 작가를 만났다. 그녀와 함께 압구정 나이키 스토어 오픈에 맞춰 컬래버레이션(러닝을 테마로 벽화를 그리는 일)을 하게 되었는데, 그녀는 아주 조용하고 수줍음이 많은 데다 낯을 많이 가렸다.

함께 컬래버레이션을 진행하면서 내 속에서는 슬슬 그녀를 '꼬시고' 싶은 그 무언가가 꿈틀거리고 있었다. 무엇보다 예지 작가만의 아이코닉한 매력과 귀여운 아우라가 맘에 들었고, 독특함이 그대로 드러나는 그녀의 그림체도 좋았다. 나는 그녀와 오래 작업해보고 싶은 마음이 컸기 때문에 우리 러닝 크루에 영입하고자 했다.

러닝이라고는 한 번도 해본 적 없고, 작업실도 홍대라 매주 압구정에서 정기적으로 진행하는 NRG 러닝 크루에 참석시키기에는 좀 많이 미안한 맘이 있었지만 함께 운동하자고 계속 권유했고 아마 그녀는 담당 팀장의 권유를 거절하지 못하는 착한 성격 때문이었는지 "저한테 도대체 왜 이러세요?" 하면서도 어쩔 수 없이 나오게 되었다.

그녀는 그렇게 나의 집요한 부탁에 러닝을 시작했고 불행하게도 하프 마라톤까지 완주할 수 있게 만들겠다는 나의 목표에 동참하게 되었다. 러닝은 해보지도 않았던 윤예지 작가는 두려움 반 걱정 반으로 마라톤 준비를 우리와 함께 열심히 했고 결국 2017년 5월 우먼스 하프 마라톤을 멋지게 완주하였다.

결승전에서 저 멀리 골인 지점을 향해 달려오는 그녀의 시뻘개진 볼과 죽을 것 같은 얼굴을 보면서 귀엽기도 했지만 너무 고마운 마음에 눈물이 났다.

마라톤은 생각보다 쉽게 도전할 수 있는 종목이 아니다. 누가 억지로 시킨다고 해서 할 수 있는 스포츠가 아니기 때문에 늘 서로서로 의지하고 격려해줄 수 있는 함께 달리는 크루가 필요하다.

우먼스 마라톤 결승전에서 나는 생수와 수건을 들고 언제 들어올지 모르는 러닝 크루 멤버들을 기다렸고 약속이나 한 듯이 한결같이 골인 지점에서 온몸이 다 풀린 채로 나와 눈을 마주치자 부둥켜안고 눈물을 흘렸다. 고마움인지 원망인지 고통인지 잘은 모르겠으나 결승전에 쓰러지듯 나한테 안기며 눈물 흘리던 그녀들에게 너무도 가슴 벅참을 느낀다.

## 마음을 움직이는 법

나는 러닝 이전에 그들의 마음을 움직이게 하기 위해 친구가 되려고 노력했다. 같이 공연이나 영화도 보고 때론 스토킹도 하면서 계속 관계를 다져갔다. 이 언니 또는 누나 때문에라도 내가 열심히 나가야겠구나 하는 양심의 가책이 들도록 말이다.

내가 얻고자 하는 목표가 있다면 당연히 그 사람의 마음을 스스로 움직이게 하고 내 편으로 만드는 건 중요한 일이다. 우리 NRG 러닝 크루는 경쟁사로부터 어떤 콜이 들어와도 움직이지 않는 굳건한 패밀리가 되었다. 그 이유는 하나다. 그들은 모두 러닝 중독자가 되었기 때문이다.

내가 인플루언서 그룹을 만들고 리드해나가는 목표는 언제나 간단명료하다. 함께 놀고 운동하면서 그 에너지가 고스란히 업무 결과로까지 이어지는 과정이 즐겁고 보람차기 때문이다. 그리고 그 결과는 늘 거짓말을 하지 않았다.

NRG 러닝 크루에는 정말 멋있는 여자 아티스트들이 많다. 설희, 세임, 희본, 보형, 채은, 은송, 보라, 영신, 윤경, 예지……. 그중 모델 김설희는 어렸을 때 단거리 육상선수였는데 고등학교 2학년때 나에게 걸려들어 다시 러닝을 시작하게 되면서 마라톤 완주까지 하게 된 국내 최고의 패션모델이다.

아직도 우먼스 하프 마라톤 골인 지점에서 나를 부둥켜안고 완주의 기쁨의 눈물을 흘리던 예쁜 그녀들을 잊을 수가 없다. 더 자랑스럽고 멋진 건 그녀들은 지금도 변함없이 달리고 있다는 것이다.

붐

# 2만 명의 러너들을 폭발적인 에너지로 리드하다

## 악몽에 시달리며 준비한 세기의 이벤트

처음 진행하는 대규모 이벤트가 열릴 때면 나는 어김없이 며칠 전부터 불안감과 긴장감으로 거의 잠을 자지 못한다.

행사 당일에 갑자기 비가 미친 듯이 와서 일정이 취소된다거나, 공연팀이 안 온다든가, 내가 지각해서 행사가 다 끝난 시각에 엉엉 울며 도착하는 등 온갖 악몽에 시달릴 정도로 신경이 팽팽하게 예민해진다. 세밀한 부분까지 완벽하게 체크하고 준비했다고 생각해도 나도 모르게 수많은 변수와 끔찍한 상상을 하는 탓이다.

2008년 나이키에서 처음 개최하는 휴먼레이스 이벤트 때의 일이다. 전 세계 25개 도시에서 100만 명이 동시에 달리는 세계 최대 규모의 러닝 이벤트였기에 우리는 준비를 위해 6개월 동안 초비상이었다. 국내에서도 2만 명의 젊은 러너들이 여의도 공원에서 출발하여 10킬로미터를 달리는 그야말로 국내 최대 규모의 이벤트였다.

### “우리 행사, 말아먹을 일 있어요?”

당시 우리는 2만 명의 러너를 리드해줄 완벽한 MC가 필요했다. 너무 중요한 역할인 만큼 내부에서 여러 명의 후보가 계속 거론되었다. 국민 MC 유재석, 신동엽, 이영자, 축구선수 이영표, 아나운서 오상진, 슈퍼주니어 멤버까지……. 평소라면 이럴 때 나는 누구한테 강하게 꽂혀 팀들을 설득시키고 밀어붙여 결정하는데 어떤 리스트도 나의 마음을 안정시켜주지 못하고 확신이 서지 않았다.

그러던 어느 날 오상진 아나운서가 쇼룸에 놀러왔다. 물론 그도 후보 중에 한 명인지라 넌지시 의향을 물어봤다. 그런데 오상진이 곧바로 이렇게 제안하는 게 아닌가?

“붐 어때요? 저보다는 붐이 딱인데, 무조건 붐을 섭외해보세요.”

나는 내가 제대로 들은 게 맞나 싶어 그를 쳐다보았다.

"엥? 붐요? 쉐끼루 붐의 그 붐 말인가요?"

나는 다시 확인했다. 당시 붐은 일명 쉐끼루 붐이라는 캐릭터로 저렴하고 가벼운 이미지로 여기저기 많이 나올 때였다.

말 그대로 정신없이 까불고 나대기만 하는 일명 비호감 예능인이었다. 그런 붐을 추천하다니…….

속으로 '우리 행사 말아먹을 일 있나!' 싶었다. 나는 바로 정색하며 다른 사람 없냐고 되물었다.

하지만 오상진 아나운서는 다시 한 번 붐이 진짜 잘할 거라고 얘기했고 방송에서와는 다르게 행사 진행도 너무 순발력 있고 똑똑하게 잘하는 사람이라고 자신했다. 무엇보다 넘치는 에너지가 이번 행사랑 딱 맞는다고. 나는 절제 안 되는 그 오버스러운 에너지가 부담스럽다고 생각했지만 워낙 강력한 추천에 속는 셈 치고 붐을 만나보기로 결심했다. 그리고 이왕 만나는데 선입견은 없애고 붐과 마주하기로 마음먹었다…….

## 속는 셈치고 만났다가 마음을 빼앗겨버리다

여의도 한 카페에서 만난 붐의 첫인상은 역시나 내 예상을 벗어나지 않은 모습이었다. 정신없이 인사를 하더니 농담인지 진담인지 구분할 틈도 주지 않고 쉴 새 없이 말을 쏟아냈다. 속사포 같은 말의 홍수를 라이브로 들으니 매우 당황스러웠다.

나는 행사 내용을 간략히 설명했다. 그는 진지한 표정으로 듣더니 자신이 들은 내용을 재정리하기 시작했다.

놀랍게도 붐은 내가 준비한 몇 장의 프레젠테이션 내용만 듣고도 행사의 핵심 포인트를 정확히 짚어내며 완벽하게 이해했다. 게다가 이러이러한 내용이 더 강조되면 좋을 것 같다는 아이디어까지 덧붙였다. 그 순간 내 의심은 눈 녹듯 사라지고 나는 그와 이 행사를 진행하기로 결정했다.

그렇게 붐은 2008년 1회 나이키 휴먼레이스 대회에 첫 진행자로 단상에 올랐다. 여의도 광장에서 2만 명의 젊은 러너들을 폭발적인 에너지로 리드하던 그의 모습은 지금 생각해도 내 가슴을 뛰게 만든다.

그날 이후로 현장에 있던 전 스태프는 그의 완벽한 진행과 미친 에너지에 너도 나도 붐의 팬이 되었고, 2만 명의 러너들은 붐의 응원을 받으며 잊지 못할 첫 레이스를 경험했다.

붐은 "누나, 왜 가슴이 뛰고 눈물이 나죠?" 그 한마디를 던지고는 스타트라인에서 2만 명의 러너들에게 일일이 하이파이브를 해주었다. 목소리가 안 나올 정도로 러너들에게 진심 어린 응원을 해주는 그에게서 완벽한 프로의 모습을 볼 수 있었다.

## 한번 보물은 영원한 보물

그 이후로 붐은 나이키 러닝 대회의 MC를 매년 맡으며 나이키 휴먼레이스 대회의 상징적인 아이콘이 되었다. 많은 브랜드에서 우리를 쫓아 여러 러닝 대회가 개최되고 경쟁사로부터 MC 제안을 많이 받았지만 붐은 굳건하게 우리와 함께해주었다.

지금까지도 붐은 내가 생각하는 최고의 진행자다. 누구보다 열정과 에너지가 강력하며 무엇보다 커뮤니케이션이 확실하고 상황을 빠르게 파악하는 능력이 대단한, 신중한 사람이다.

그 수만 명이 모인 정신없는 행사장에서도 모든 흐름을 읽고 어떤 상황에서도 대처 가능한 똑똑한 친구. 그는 진지한 열정가이고 너무도 많은 경험으로 모든 상황을 유연하게 대처할 수 있는 멀티플레이어로 내 머릿속에 각인돼 있다.

이후 그는 군대에 입대했고 전역 후 방송에 복귀할 무렵 나는 주저 없이 그에게 연락했다.

2016년 가장 중요한 나이키 행사였던 '#한계는 없다' 캠페인 파이널 행사에 메인 진행자로 붐을 다시 컴백할 수 있도록 했으며 붐은 그 누구도 토를 달 수 없을 만큼 완벽하게 무대를 장악하며 에너지를 발산했다.

2020년 지금도 붐은 모든 주요 프로그램에서 존재감을 제대로 발휘하며 화려한 전성기를 맞이하고 있는 중이다. 나는 당연한 결과라고 생각한다. 나는 한 번도 그의 역량을 의심해본 적이 없다. 아니, 오히려 붐이 있으면 어떠한 큰 행사를 하게 되더라도 악몽을 꾸거나 불안에 떨지 않을 수 있다.

그가 무대에 있으면 무조건, 무조건 안심이 되니까 그날은 꿀잠 보장이다.

# 노는 물을 바꿔라

### 어울리고 싶은 사람하고만 논다

워라밸이라는 말이 생겼듯이 일하는 것만큼 개인 시간을 누구와 어떻게 보내느냐가 중요한 시대가 왔다. 나는 가깝고 편한 사람들하고 모임을 자주 갖는 편이지만 은근히 낯을 가리는 성격이기 때문에 조심하는 부분이 있다. 함께 있는 것조차 감정 소모가 느껴지는 사람들이나 부정적인 생각이 강한 사람들은 되도록, 아니 거의 의식적으로 피하려고 한다. 일하는 것만큼 누구와 어떻게 노느냐도 나에겐 너무나 중요한 부분이다.

그렇다고 목적 의식을 가지고 사람들을 가리고 선별해서 만나라는 것은 절대 아니다. 그런 가식적인 만남은 사람을 피곤하게 만들 뿐이다. 늘 사람과 소통하고 공유하는 것이 일상이 되어 버린 지금은 놀면서 내가 좋아하는 또 다른 일을 찾고 리더십을 발휘해야 더 큰 기회가 행운처럼 오는 시대다.

그런 만큼 자신에게 좋은 영감을 주는 사람, 자극과 긴장을 주는 사람을 옆에 두는 게 중요하다. 불필요한 남의 얘기로 소중한 시간을 허비하지 말고 같이 놀면서 일할 수 있는 좋은 파트너를 친구로 두는 게 중요하다. 그건 진정한 관계에서만 이루어지므로 온라인상에서만 존재하는 관계나 남에게 과시하기 위한 실속 없는 관계에 에너지를 허비하는 건 정말 바보 같은 짓이다.

온라인에서만 연결되어 있는 관계들, 어중간한 인맥 자랑으로 주절주절 늘어놓는 실속 없는 사람들, 그런 인맥을 쌓기 위해 이런저런 모임을 좇아다니며 여기저기 기웃거리면서 본인의 가치를 떨어트리는 오지라퍼들, 상대방을 이해하고 포용한다는 가면을 쓰고 거짓과 상처를 주는 사람들…….

그것이 본인의 인맥이라고 착각하는 사람들이 넘치고 넘쳐나는 세상이다.

## 나와 함께 일하는 사람들이 다 내 절친

나처럼 비교적 일찍 일을 시작한 사람들은 공과 사를 구분하여 친구를 사귀는 것이 현실적으로 어렵다. 학교 친구와는 일단 공통점이 없기에 대화에 한계가 있었고, 한참 친구들이 놀 나이에 사회생활을 먼저 시작한지라 시간적 여유가 없다 보니 내 의지와 상관없이 멀어지기도 했다. 결론적으로는 나는 유년 시절과 학창 시절을 같이 보낸 '절친'이 거의 없는 편이다.

친구라는 것도 나이의 흐름에 맞게 그 의미와 가치가 변해가는 것 같다. 유치원 때는 나랑 손잡고 놀이터에서 놀아주는 친구가 제일이고, 초등학교 때는 같이 도시락 까먹고 등하교 같이할 수 있는 단짝 친구가 최고이며 중고등학교 때는 나랑 화장실 같이 가주고 독서실에서 같이 밤새며 슬금슬금 남친과 비밀 연애를 늘어놓을 수 있는 입 무거운 친구가 가장 소중했다. 하지만 이제는 같이 손잡고 분식집 가는 친구도, 파자마 파티를 같이할 친구도 나에겐 필요하지 않다.

지금은 나와 함께 일하는 모든 사람들이 내겐 가장 가까운 친구다. 같이 일도 하고 술도 마시고 여행도 가고 또 다른 만남을 연결하면서 때로는 재능 품앗이도 서로서로 나누며 각자의 자리에서 역할을 충실히 하고 있다.

절친이라는 이유로 내 속을 다 까 보이고 파고드는 관계보다 나는 약간 거리감을 두고 마냥 편하지만은 않은 관계를 선호한다.

## 좋은 친구들과 만들어내는 시너지 효과

내게는 사회에서 만나 20년 동안 꾸준하게 같이 성장해온 친구들이 있다. 우리가 사회 친구로서 20년 동안 이어질 수 있었던 건 서로 일과 연결하여 좋은 시너지를 계속적으로 이어갈 수 있었기 때문이라고 난 확신한다.

그중 한 명은 엔터테인먼트 회사인 '아메바컬처'의 수장 고경민 대표다. 나이키에서 스타 마케팅을 처음 시작하여 일을 배우기 시작할 때 그녀는 한창 잘나가는 H.O.T. 스타일리스트였다.

그 유명한 H.O.T. 〈캔디〉 의상을 제작한 것으로도 유명했다. 우리는 자주 만나서 수다도 떨고 서로 의지하는 좋은 친구다.

그 당시 H.O.T.는 폭발적인 인기를 끌었고 당연히 스타일리스트였던 고경민은 멤버들 의상을 우리 제품으로 도배해줌으로써 나에게 힘을 실어주었다. H.O.T.가 입은 제품들은 전국적으로 계속 완판으로 이어졌고 회사 내부에서도 나의 업무를 확실하게 자리매김할 수 있는 좋은 기회였던 건 말할 것도 없었다.

그러던 어느 날 고경민 스타일리스트와 내가 SM 엔터테인먼트에 호출을 당해 끌려가는 일이 벌어졌다. SM은 우리 둘이 절친이라는 걸 알고 있었던지라 스타일리스트가 나이키에서 돈을 받아 H.O.T.에게 옷을 입혔다는 말도 안 되는 오해를 한 탓이었다.

여러 일들을 같이 겪으면서 우리는 지금까지 20년 지기 좋은 사회 친구로 많은 것을 공유하고 의지하며 즐겁게 잘 지내고 있다. 그녀는 스타일리스트로 시작하여 아메바컬처라는 엔터테인먼트 회사를 설립하고 다이나믹 듀오, 크러쉬, 자이언티, 프라이머리 등 수많은 아티스트의 제작사로 멋지게 성장했다. 그리고 나는 그녀의 성장 속에 늘 함께했다. 고 대표가 있었기에 나이키가 다이나믹 듀오, 크러쉬, 슈프림팀 등 좋은 아티스트와 협업하여 많은 일을 할 수 있었다.

또 한 명의 친구는 청담동에서 미용실을 운영하고 있는 '미장원by태현'의 김태현 원장이다. 김태현 원장은 빅뱅의 헤어 담당이자 특히 지디의 데뷔 때부터 10년 넘게 헤어스타일을 멋지게 변화시켜주고 있는 사람이다. 그녀는 유명 셀럽들을 많이 담당하고 있어 그쪽 바닥에서는 이미 유명 인사다. 친구라는 명목으로 내가 하는 촬영이면 지디, 박재범을 비롯해 모든 촬영 스케줄을 우선순위로 맞춰주기도 하고 원장인 본인이 직접 나와 셀럽과의 어색한 찬공기를 한 번에 따뜻한 온기로 바꿔 내 어깨를 으쓱하게 만들어주는, 의리 깊고 센스 넘치는 귀여운 친구다.

이렇게 우리 셋은 20년 동안 끈끈한 우정을 다지며 함께 일하고 각자 분야에서 끊임없이 성장하며 서로서로 든든한 버팀목이자 조력자가 되고 있다. 좋은 사회 친구는 시너지가 몇 배로 극대화된다.

놀면서 성장하자

어떻게 가치 있게 잘 노는지가 참 중요한 세상이다. 노는 것도 연습이 필요하고 잘 노는 법을 배워야 한다! 이제는 일한 만큼 잘 노는 것도 매우 중요한 시간이다. 나는 우리 딸에게 늘 얘기한다. 의미 있고 가치 있게 친구들과 재미있게 잘 노는 것도 공부만큼 중요하다고. 놀면서 내가 좋아하는 적성을 찾고 리더십을 발휘하고 꿈을 찾고 일도 할 수 있는 세상이다. 공부만큼 잘 노는 법을 경험하고 배우는 게 중요하다! 아이들은 노는 것에 더 잘 물들고 영향을 크게 받는다. 잘 노는 법을 스스로 깨우치면 더 성장할 수 있다고 나는 믿는다.

지금 어떤 사람들과 어울리고 있는지 잘 살펴보자. 재미있게 놀기는 하되 서로에게 좋은 영향을 끼치는 사람인지도 살펴보자. 선한 영향력은 감염 효과가 커서 나까지 선하게 만든다. 부디 선한 사람들과 자신을 기분 좋게 성장시키는 사람들과 놀자.

다양한 사람들과 다양한 가치를 추구하는 친구들과 함께하며 서로 호흡하고 재미있게 일하자. 그리고 명심하자. 내 인생을 결정할 수 있는 사람은 오로지 나뿐이라는 사실을.

박신혜

# '소중한 인연'에 대해 가르쳐준 그녀

나는 남자 형제들과 자라서 그런 것인지 아니면 원래 성격이 그런 것인지 모르겠지만 누군가에게 먼저 연락을 하거나 살갑게 잘 대하지 못한다. 평소 말투도 툭툭 직선적으로 내뱉는 편이고 성격도 은근 무심하다.

그래서인지 주위에 여자친구들보다 남자친구들이 더 많았고 회사가 정통 스포츠 브랜드이기 때문에 아무래도 운동선수나 남자 셀럽과 일할 때가 많은것도 사실이다. 하지만 나에게는 지금까지도 서로 의리를 지키며 아주 균건하게 나를 서포트해주는 몇몇 여자 셀럽들이 있다.

그녀들은 누구보다도 나를 도와주고 챙겨주는 정말 고마운 사람들이다. 그중 박신혜 배우는 내가 어떤 일을 하든 한 번의 거절도 없이 내가 하는 모든 행사에 어떻게든 스케줄을 조정해 자리를 빛내주는 의리파 중의 단연 넘버원이다.

## "영미 언니랑 같이 있어요"

박신혜는 어느덧 서른이 된 데뷔 17년 차 베테랑 배우지만 나에게는 늘 고등학교 2학년 박신혜 양으로 기억되고 있다. 압구정동 스타벅스에서 화장기 하나 없이 교복을 입고 들어서던 그녀를 처음 본 순간 나는 한눈에 반할 수밖에 없었다. 우리는 오래전부터 알고 지내던 사이처럼 편하게 많은 이야기를 나누었다. 그녀에게는 밝고 긍정적인 에너지가 가득했다.

그녀가 고등학생이던 어느 날, 압구정 한 카페에서 밤늦도록 많은 이야기를 나눴던 적이 있다. 밤 9시가 되어가자 그녀의 어머니로부터 전화가 왔는데, 영미 언니랑 같이 있으니 걱정하지 말라고 대답한 뒤 전화를 끊었다. 영미 언니랑 같이 있다는 한마디에 한 치의 의구심도 없이 전화를 끊는 어머니의 행동에 나도 모르게 그녀의 보호자가 된 듯 강한 책임감이 들었다.

그날 아역배우, 학생, 한 가정의 딸 등 여러 역할을 가지고 있는 그녀에 대해 대화를 나누면서 참 고마웠고 많이 배웠다. 내가 저 나이일 때 감히 가져보지 못한 생각들과 겪어보지 못한 경험들, 성숙하고 지혜로운 판단력과 깊이 있는 행동들…….

그중에서도 "언니 딸은 많이 외롭겠어요! 이렇게 바쁜 엄마를 뒀으니……"라는 말은 지금까지도 강력하게 뇌리에 남아 있다. 그 말을 듣는 순간 한 방 얻어맞은 것 같았다. 맞다, 나는 딸 다인이가 태어나면서부터 지금까지 늘 바쁜 엄마였고, 그게 당연한 일상이었다. 그래서 늘 딸에게 막연한 미안함이 있었다.

당시 박신혜의 그 말은 여전히 잊혀지지 않고 아련하게 내 가슴에 남아 있다. 그때 그녀의 표정은 많이 외로워보였다. 마치 스스로 독백하는 것처럼……. 우리의 수다는 거의 11시가 되어서야 끝났고 나는 그녀를 집까지 안전하게 데려다줘야 한다는 사명감에 같이 택시를 탔다. 고등학생인 그녀를 혼자 택시에 태워 보낼 수는 없었다.

그녀의 집 코앞까지 데려다주겠다고 생각했는데 집 근처 대로변에 한 남자분이 서 계셨다. 갑자기 그녀가 '아빠~' 하며 불렀고 나는 얼떨결에 그녀의 아버지를 마주하게 되었다. 늦은 귀가로 너무도 죄송해서 얼굴도 못 들었는데, 오히려 그분은 늦은 시간에 여기까지 데려다줘서 고맙다며, 평소에도 신혜를 잘 챙겨줘서 감사하게 생각한다며 따뜻하게 얘기해주셔서 감동을 받았다. 이런 부모님이 계시니 그녀의 모습이 늘 밝고 사랑이 넘칠 수밖에 없었다.

나는 그 이후부터 그녀의 부모님도 가끔 뵈면서 박신혜와 더욱 단단한 관계를 유지할 수 있었다. 어느 순간 그녀는 아시아를 대표하는 톱스타가 되었고, 명품 브랜드의 뮤즈로 활동할 만큼 멋지게 성장한 그녀를 볼 때마다 나는 너무 기쁘고 그녀가 무척 대견하다.

## 고맙고 또 고마운 그녀

오늘날 그녀의 빛나는 위상보다 더욱 중요한 건 한결같은 그녀의 모습이다. 어느 날 부산에서 행사가 있었는데 빅 셀럽이 필요했다. 10분간의 포토월 촬영을 위해 정말 큰 비용을 들여 지방 행사에 스타를 섭외해야 하는 상황이었다.

나의 연락에 그녀는 어김없이 "언니, 나 그렇지 않아도 부산 놀러가고 싶었어! 그냥 잠깐 행사하고 언니랑 1박 2일 놀다오면 되지!" 이렇게 한마디 던지고서는 개런티도 전혀 없이 부산까지 와주었고, 행사장이 많은 사람으로 거의 마비될 만큼 긴 시간을 머물러주었다.

내가 나이키를 퇴사하고 맡은 첫 프로젝트인 '메간 헤스 아이코닉전' VIP 오프닝에서도 너무도 미안한 마음을 가지고 와줄 수 있냐고 연락했더니 이번에도 "당연히 가야지!" 한마디를 던지고는 미디어 포토월을 가장 빛내주었다. 항상 내가 하는 일에 만사 제치고 늘 힘이 되어주는 그녀에게 지금도 고맙고 또 고맙다.

누군가와 관계를 맺는 것보다 오랜 시간 관계를 유지하는 게 더욱 힘들고 중요하다. 이때 가장 중요한 것은 내가 변하지 않으면 상대방도 변하지 않는다는 것이다. 누군가 변했다는 생각이 들 때도 내 자리를 그냥 지키고 있으면 그들은 돌고 돌아 다시 돌아온다. 완전히 변심한 경우에는 아예 내 곁에서 사라져버린다. 내겐 어중간한 관계란 없다.

나는 사람들과 오랫동안 관계를 유지하기 위해 어떤 사람을 만나면 늘 첫 만남에 대한 기억을 기록해놓는다. 시간이 변하더라도 그때 그 감정을 잊지 않으려고 노력한다. 흐르는 시간 속에 변해가는 사람들을 대하는 나만의 대처 방법이기도 하다. 박신혜는 나만의 일기장에 열일곱 살의 교복 입은, 너무도 밝고 사랑스러운 고등학생의 모습으로 남아 있다.

# 뒤통수 '안' 따갑다 맞을 때 시원하게 맞자

## 뒤통수도, 열 손가락도 모두모두 외롭다

살면서 뒤통수 한번 안 맞아본 사람이 있을까? 나는 없다고 감히 단언한다. 기계가 아닌 이상 수없이 많은 인간과 수없이 복잡한 연결고리로 엮여서 살아야 하는 이 현실에서 뒤통수 한번 안 맞고 살기란 매우 어려운 일일 것이다.

그렇다면 전적으로 믿을 만한 사람은 몇 손가락까지 꼽을 수 있을까? 열 손가락이 모자라 다른 사람의 손을 빌려야 할지도 모른다고 말하는 사람이 설마 있을까? 나는 전자도 후자도 매우 어렵다고 확신한다.

지난날을 생각해보면 뒤통수를 맞기 전에는 분명히 조짐이 있었다. 그런데도 그 신호를 무시한 내 탓이 크다. 어떨 때는 맞을 만하니까 맞은 적도 있었다.

스무 살에 만난 내 남자 친구는 내 베스트 프렌드에게 고백을 하며 양다리를 대차게 걸쳐 내 뒤통수를 세게 때리려 했으나 다행히 나의 절친이 그런 남자친구의 찌질한 만행을 이실직고해주어 나는 세상 나쁜 그놈을 먼저 쿨하게 걷어차며 뒤통수 선빵을 날릴 수 있었다. 그 사건을 통해 나와 베스트 프렌드와의 우정과 의리는 더욱 검증되어 더 단단한 관계를 지켜나갈 수 있게 되었다.

어중간하게 친했던 한 남사친(정말 남자 사람 친구)과 얽힌 뒤통수 일화도 있다. 그가 다단계에 빠져 여기저기 돈을 빌리러 다닌다는 소문이 들려왔다. 그래도 나에게는 지키고 싶은 양심은 있었는지 연락이 오지 않아 그런가 보다 하고 지낼 즈음, 거의 소문의 끝자락에 돈을 빌려달라는 연락이 드디어 왔다. 남사친은 나에게 돈을 빌리려는 이유를 설명하지 않았지만 나는 목적을 뻔히 알고 있었음에도 불구하고 30만 원을 빌려줬다(1990년대 중반에 30만 원이면 적지 않은 액수였다)! 다른 사람은 몰라도 내 돈은 꼭 갚겠지! 하는 생각으로 빌려줬지만 그 친구는 내 예상을 뒤엎고 뒤통수를 치고 잠적해버렸다.

### 뒤통수 저격수들과 공존하는 세상

그렇게 5~6년 정도 시간이 흐른 어느 날 그 남사친으로부터 연락이 왔다. 소주 한잔하자며. 나는 오랜 시간이 지난 후라 쿨하게 잊고 바로 반갑게 오케이를 하고 강남역에 있는 한 주점에서 소주 한잔하며 이런저런 얘기를 나누었다. 술자리 내내 나도 그 친구도 6년 전 돈에 대한 얘기는 끝까지 꺼내지 않았다. 그렇게 술자리를 마무리하고 헤어지는 순간, 그 친구는 택시를 잡아주고는 "영미야, 미안해~" 하면서 창문 사이로 흰 봉투를 던지고 사라졌다.

그 봉투 안에는 10만 원짜리 수표 10장이 들어 있었다. 내가 빌려준 30만 원의 세 배가 넘는 액수였다. 흰 봉투는 손때가 가득 묻어 이미 꼬깃꼬깃해져 있었다. 이 친구는 몇 시간 동안 나에게 이 봉투를 전해주려고 얼마나 주머니 안에 넣고 망설이고 또 망설였을까…….

결국 주지도 못하고 집에 가는 택시 안으로 미안하다는 말 한마디와 봉투만 던지고 뒤도 안 돌아보고 황급히 뛰어가는 그 친구의 마음이 고스란히 전해졌다. 나의 6년 전 뒤통수는 이렇게 100만 원이라는 공돈의 기쁨으로 돌아왔고 우습게도 그 남사친에게 고맙기까지 했다.

이렇게 우리가 사는 세상은 여기저기 뒤통수를 때릴 저격수들이 기회를 노리며 난무하고 있다. 내가 안 맞고 싶다고 끝까지 피할 수 있는 것도 아니고 맞을 걸 뻔히 알면서도 맞아줘야 할 때도 있고 때로는 내가 제대로 때려야 할 때도 분명히 있다. 그래서 우리는 면역을 키울 수밖에 없다. 그 면역은 일하면서 숱한 뒤통수를 맞더라도 시원하게 반복하여 뒤통수를 내주는 방법뿐이다. 그렇게 반복해서 맞다 보면 어느새 면역이 생긴다.

"완판녀라도 안 됩니다"

당대 최고의 인기를 누리던 인기 여자 가수가 있었다. 스타일까지 완벽한 그녀가 걸치는 모든 아이템들은 양말 하나까지도 고스란히 품절로 이어졌기 때문에 모든 브랜드들이 줄을 서서 그녀를 잡기 위해 혈안이 되었다. 나이키 역시도 마찬가지였다. 아무리 잘나가는 세계적 브랜드라고 해도 국내에서 너무도 파워풀한 '완판녀'를 그냥 둘 수는 없었다.

방송, 행사, CF 촬영이 있을 때마다 그녀의 스타일리스트팀으로부터 제품 요청이 꼭 들어왔다. 우리는 혹시라도 그녀를 통해 노출이 될까 하는 기대감으로 매번 많은 물량을 지원했으나 번번이 픽업만 하고서는 피드백이 없었다. 많은 제품을 가져가 놓고서는 노출이 안 되면 안 되었다는 양해는커녕 다음번 촬영이 있을 때마다 아무 일 없었다는 듯이 또 제품 요청을 하고 당연한 듯 가져갔다.

나 역시도 정말 이건 좀 아니라고 생각하면서도 그 당시 너무도 세일즈 파워가 있던 친구라 속이 시리면서도 계속 진행할 수밖에 없었다.

그러나 약속은 늘 지켜지지 않았다. 이번에는 꼭 입히겠다는 약속을 철석같이 해놓고서는 현장에서 콘셉트가 안 맞다느니 하는 뻔한 핑계를 대며 뒤통수를 계속 반복해서 쳤다. 더욱 황당했던 건 우리 제품은 매번 킬하면서 경쟁사 제품만 계속적으로 입는 모습이었다. 더 무시당하는 기분이었다.

그러던 어느 날 그녀가 컴백을 앞두고 뮤비 촬영이 있다며 제품을 요청했다. 나는 바로 안 된다고 딱 잘라 거절했다. 당연히 해줄 것이라는 시나리오를 엎고 단칼에 내가 안 된다고 하니 스타일리스트 담당부터 실장까지 몇 번이고 연락이 왔지만 나는 단호했다. 그러자 그녀의 소속사 이사라는 사람이 대뜸 전화하더니 지금 제일 잘나가는 스타에 다들 못 잡아서 안달인 최고의 인기 가수가 뮤비에서 신겠다고 하는데 당연히 해줘야 하는 거 아니냐며 다짜고짜 화를 냈다. 나는 그러거나 말거나 안 되는 것은 안 된다고 거절했다.

그런데 며칠 뒤 그녀의 뮤비와 앨범 커버를 확인해보니 여기저기 나이키 운동화가 너무도 멋지게 눈길을 사로잡고 있었다. 웬일인가 싶어 알아보니 본사에서 협찬을 해주지 않자 어쩔 수 없이 매장에서 정가를 주고 모두 구입을 했던 거였다.

그 이후로도 모든 예능과 방송 활동 내내 그녀는 나이키로 도배를 한 채 활동했고 나는 몇 번의 뒤통수에 대한 아픔을 한 방에 씻을 수 있었다.

### 이왕 맞을 것, 시원하게 맞자

살면서 뒤통수를 안 맞을 수는 없다. 그러나 수없이 뒤통수를 맞을지언정 내가 칠 때에도 역시 단호하게 한 방 때릴 수 있어야 한다. 뒤통수는 최대한 젊었을 때, 내가 무언가 하고 있을 때 시원하게 맞는 게 속 편하다. 나이 들어서 막상 맞게 되면 그땐 여파가 크고 상처도 깊다. 일하면서 숱한 뒤통수를 맞더라도 쿨하게 또다시 뒤통수를 내주는 배짱이 필요하다. 그래야 뒤탈이 없다. 그리고 정말 중요한 건 정작 뒤통수 때린 본인은 그런 만행을 저질렀는지도 모를 테니 억울하게 혼자 아파하지도 말자.

뒤통수도 고맙게 생각하고 맞다 보면 때린 놈이 미안해서라도 크게 도와줄 때가 생기는 게 인생이다. 이 시대의 커넥터로 산다는 건 신뢰와 긍정으로 커뮤니케이션하고 예리한 통찰력으로 사람 너머의 보이지 않는 것을 그려낼 수 있는 사람이어야 하기 때문에 배반당하는 것을 두려워하지 않아야 경험을 축적하고 다른 이들과 폭넓게 연결될 수 있다.

나를 이용하고 뒤통수를 아무리 맞더라도 사람을 진실로 대하지 못하고 의심하고 피하는 것이 나를 더욱 성장하지 못하게 하고 불편하게 한다. 남에게 이용당해줄 만큼 필요한 역량을 갖추는 것이 더욱 가치 있는 일임에 틀림없다. 세상은 돌고 돈다는 어른들의 말이 달리 나온 게 아니다. 부메랑처럼 내가 상대의 뒤통수를 칠 때도 올 것이다. 안 온다면 좋은 일 한 셈치고 자신의 귀한 경험으로 삼으면 될 일이다.

3장

# 커넥터가 갖춰야 할 핵심역량 10가지

통찰력

# 현미경과 망원경을 동시에 쓰자

개떡처럼 말해놓고 찰떡같이 알아들으라니!!

많은 동료들 외에 업무로 얽혀 있는 사람들과 일하면서 한결같이 드는 생각이 있다. 좀 더 이렇게 저렇게 내가 원하는 대로 잘해줬으면 좋겠는데…… 내가 말하기 전에 알아서 체크하고 잔소리 안 하게 해줬으면 좋겠는데……. 그러나 그 생각은 정말 내 마음속에서만 요동치는 기대일 뿐 어느 순간 마음을 아예 비우게 된다.

나중에는 그냥 내가 하는 말을 알아듣는 것만으로 감사하고 다행이라는 생각이 들 때도 있다. 예전부터 어른들한테 도대체 왜 말귀를 못 알아듣느냐고 수도 없이 잔소리를 들어왔고 세월이 지난 지금도 그 소리를 안 듣고 사는 건 아니지만 나 또한 누군가에게 끊임없이 "내 말 무슨 말인지 알지? 알지?" 그 말꼬리를 습관처럼 입에 붙이며 의문을 품고 대화하며 살고 있다.

말하는 사람도 정확하게 설명하지 못하면서 못 알아듣는다며 생사람을 잡고 내가 무슨 점치는 사람도 아니고 그 속까지 어떻게 까뒤집어 안다는 건지……. 내가 개떡처럼 말해도 상대방이 찰떡같이 알아듣기를 원하는 것! 쉽지 않은 일이지만 이 시대가 원하는 인재상은 이런 센스 있는 사람임은 분명하다. 말 그대로 말귀를 제대로 알아듣고 핵심을 파악한다는 건 너무 중요한 일이다. 그 말은 입에서 나오는 말만으로 곧이곧대로 이해해서는 안 된다는 뜻과 같은 말이다. 말에도 귀가 있다!

## 아이돌 스타의 돌려서 직구

잘나가는 아이돌 그룹이 나이키 쇼룸을 방문했을 때의 일이다. 그들은 당시 최고의 인기를 누리던 보이 그룹으로 우리에게 지속적인 협찬을 받고 있었다. 그날의 깜짝 방문은 인사차 방문한 것이었다.

요즘은 그래도 조금 덜하지만 예전 아이돌 그룹들은 외부 사람을 만날 때 거의 입을 닫고 있거나 마치 미리 짠 것처럼 몇몇 멤버들만 대표로 대답하는 방식으로 대부분의 대화가 이루어졌다. '대화'라고 하기에도 어색한 의례적인 말만 주고받는 경우가 많았다. 그날 역시 멤버 전원이 나란히 벌 받듯이 내 앞에 앉아 있었고, 나는 아무리 내가 편하게 대화를 이어가려고 해도 그렇게 애쓰는 것 자체가 무리수임을 알고는 얼른 미팅을 마치고 빨리 보내야겠다는 생각만 들었다.

그때 생뚱맞게 그룹의 리더가 말을 꺼냈다. 며칠 전에 어떤 신문사 기자랑 그룹 멤버 전원이 인터뷰를 했는데 막판에 시간이 부족하자 기자가 나머지 인터뷰는 리더와 전화로 이어가겠다면서 전화번호를 요구했다는 것이다. 그룹의 리더는 어쩔 수 없이 기자에게 번호를 주고는 인터뷰를 마친 다음 날 바로 번호를 바꾸었다고 했다.

당시 그가 미국에서 온 지 얼마 안 된 친구라 한국 어른들에 대한 두려움이 있었는지 아니면 한국말이 서툴러서 괜한 전화를 받으면 실수할까 봐 그랬는지 그 속마음은 나도 모르겠다. 나이키에서는 셀럽의 전화번호를 먼저 묻는 것이 철저히 금기시되어 있기 때문에 그 아이돌 리더의 염려는 불필요한 일이었지만, 확실한 것은 그가 내게 이야기한 의도만은 정확하게 파악할 수 있었다는 사실이다.

예의 없는 그 기자를 은근히 험담하기 위함도 아니었고, 본인의 전화번호가 바뀌었음을 밝히려는 것은 더더욱 아니었다. 대놓고 말하지는 않았지만 혹시라도 내가 본인의 번호를 물어볼까 봐 물어보지 말라는 무언의 암시를 내게 준 것이라는 건 분명히 이해할 수 있었다. 당신이 물어보면 또 번호를 바꿔야 하니 귀찮게 하지 말라는 분명하고도 명확한!

## 아이돌 셀럽을 대하는 나의 온도는 '오감(五感)'도

셀럽과 대화할 때 나만의 철칙이 있다. 바로 그들의 내면을 꿰뚫기 위해 내 오감을 민감하게 작동시키는 일이다. 아이돌 스타들은 특히 예민한 주제나 자칫 마음을 상하게 할 수 있는 이야기에 능숙하게 대응하지 못하기 때문에 나는 특히 이들과 대화할 때 세심하게 주의를 기울이는 편이다.

'어떻게 저리 내 마음을 잘 알아주지?'

이것만큼 사람을 무너뜨리는 최고의 무기는 없다. 아이돌 셀럽뿐 아니라 대다수의 셀럽들도 마음으로 다가가 그들의 환경을 알아주면 서서히 긴장된 자세를 푼다. 오감을 다해 다가가면서 또 하나 기억해야 할 것은 멀리 보고 또 동시에 세심히 관찰하는 일이다. 나는 이를 '현미경과 망원경을 동시에 쓰는 필살기'라고 부른다. 현미경으로는 디테일한 셀럽의 감정 변화를 살피고 망원경으로는 셀럽과 그를 둘러싼 주변의 환경을 살피는 것. 그것이 이들을 대하는 나만의 방법이다. 이런 적절한 거리 조절은 셀럽과 담백한 관계를 이어가는 데 매우 중요한 요소이고, 나는 이러한 강약 조절을 썩 잘했다.

## 강약 조절은 모든 인간관계에서 필수다

모든 소통의 시작은 상대방을 제대로 알고 공략하는 것에서부터 시작한다. 대화를 하면서도 정말로 그가 어떤 생각을 하고 있는지 어떤 마음인지 자세히 들여다보고 집중하면서 공감해주는 것만으로도 충분히 호감을 살 수 있다. 상대의 말과 행동에 일일이 반응하지 말고 때로는 무심하게 때로는 자상하게 거리 조절을 하자. 너무 관계에 얽매여 가식적으로 잘할 필요도 없고 상대를 이해하려고 분석할 필요도 없다. 멀리서 묵묵히 바라봐야 할 때는 잠자코 기다리면서 너무 자세히 들여다보지 않는 것이 좋은 관계를 유지하는 지름길이다.

내가 아는 한 대개의 사람들은 너무 친밀한 관계보다는 일정한 거리감을 유지하는 것을 편안해한다. 그렇게 간격을 유지하면서 지내다가 만났을 때는 누구보다 확실히 챙겨주고 배려해주면 된다. 강약 조절은 모든 인간관계의 필수다. 예의 있으면서도 유쾌한 관계의 비결이 여기에 있다.

망원경과 현미경을 동시에 씀으로써 상대방을 빠르게 파악하고 대처하는 힘. 상대의 반응을 있는 그대로만 받아들이지 말고 그 내면에 숨겨진 뜻을 잘 알아듣는 센스만으로도 우리는 상대에게 '어떻게 내가 좋아하는 걸 잘 알지?', '내 맘을 어쩜 저렇게 잘 알아?' 하는 감동을 안겨줄 수 있다. 상대가 감동하면 상대방의 마음의 경계를 무너뜨리는 일은 자동으로 된다.

직장생활을 하면서 수도 없이 듣는 이 말, "진짜 말귀 못 알아듣네! 꼭 말로 해야 알아듣니?" 이 지긋지긋하고 자존심 상하는 잔소리에서 이젠 벗어나자!

## 긍정

# 'YES맨'으로 일하라

### 꼰대 같은 발언에 맞장구치는 나를 발견하다

딸아이와 남편이 〈이태원 클라쓰〉라는 드라마에 한창 빠져 있을 때, 드라마 속 조이서라는 친구가 너무 매력적이고 막 예쁜 건 아닌데 보면 볼수록 빠져드는 캐릭터라면서 10대 친구들 사이에서 인기가 정말 많다는 얘기를 했었다. 나는 그 드라마를 보진 않았지만 조이서 역할을 맡은 배우의 얼굴도 이름도 생소했다. 그런데도 불구하고 인기몰이를 하고 있다는 건 조이서라는 캐릭터 자체가 드라마에서 너무 매력적이라서 이슈가 되고 있다는 의미일 것이다. 그래서 하루는 딸 다인이에게 물었다.

"조이서가 왜 좋아? 너희들 사이에서 인기가 많은 이유가 뭔데?"

나는 늘 소비자의 인사이트를 얻기 위해 딸아이에게 10대들에게 인기 있는 브랜드나 패션, 연예인 등 다양한 분야에 대해 평소에도 이런저런 이야기를 많이 묻고 또 듣는 편이다. 다인이는 이렇게 설명했다.

"외국은 회사에서 직원들이 힘들다고 하면 쉬라고 하는데 한국은 힘들면 무조건 버티라고 해. 한국은 상사가 부하 직원한테 막말하고 무시하면 참아야 한다고 하는데 조이서는 참지 않고 싫은 건 싫다고 당당하게 말하고 사이다 발언을 한 방에 날리는 게 너무 멋있잖아? 그 캐릭터가 좋은 이유가 그거야."

명확하게 좋아하는 이유를 구체적으로 설명하는 딸의 대답에 솔직히 좀 당황스러웠다. 왜 다인이가 이런 생각을 하고 있을까? 드라마를 너무 봤나? 뭘 안다고 외국 사회와 한국 사회에 대한 편견을 가지고 있는 거지? 그냥 자기도 모르게 학교든 학원이든 어디에서든 어른들이 시키는 대로 따라야 하는 억눌림 때문에 그런 건가?

정확히 알 수는 없었지만 아무튼 조이서라는 캐릭터가 흔히 말하는 요즘 애들에게 먹히는 스타일이라는 거다!

다인이의 말이 끝나자마자 남편이 바로 한 말은 "다인아, 실제로 회사에서 그러면 사회 부적응자로 짤려!"라는 한마디였다. 나는 속으로 '아니, 왜 꼰대 같은 말을 하지?' 생각하면서도 맞장구를 치고 있는 나 자신을 발견했다. 그것도 쿨한 척하며! "다인아, 엄마가 지금도 순정만화 엄청 좋아하는 거 알지? 현실감이 없기 때문이야! 만화 속 주인공처럼 매력적인 완벽한 남자도 멜로도 현실에는 없으니까! 그냥 상상하고 동경하는 것뿐이지. 지금 조이서라는 캐릭터가 사랑받는 것도 현실에서는 그럴 수 없으니 대리 만족 같은 거 아닐까?"라고 대충 말을 마무리했다.

굳이 일일이 설명하지 않아도 우리가 살아가는 이 사회에서는 그렇게 살 수 없다는 걸 다인이도 이미 알고 있다고 생각한다. 여기서 중요한 건 큰 회사로부터 어떠한 협박에도 타협하지 않고 기죽지 않고 당당하게 'YES!'가 아닌 'NO!'라고 맞설 수 있는 캐릭터가 10대들에게 크게 어필하고 있다는 사실이다. 그런데 실제 아이들이 생각하는 것처럼 사회에는 YES맨과 NO맨만 존재할까? 아니다. 아이들이 생각하는 흑백 논리처럼 YES맨 아니면 NO맨은 존재하지 않는다.

## 참으면서 하지 말고 있는 그대로 하라

사회는 생각보다 냉정하다. "내가 열심히 하겠습니다! 시켜만 주세요!"라고 아무리 외쳐도 스스로 잘하지 못하면 기회를 얻을 수 없는 전쟁터다. 학교에서 배운 것과는 전혀 다른 사회다. 집에서처럼 오냐오냐 마냥 내 편 들어주는 사람도 없고 내가 그동안 경험해보지 못한 각양각색의 사람들과 한마디로 별의별 꼴을

다 봐야 하는 생활의 시작인 것이다.

실제로도 다른 팀 신입 직원이나 주변에 많은 후배가 찾아와 고민을 토로하는 경우가 많다. 고민은 대부분 신입 시절에 꼭 홍역처럼 피해갈 수 없는 상사와의 관계다.

회사에서 본인의 업무와 상관없는 필요 이상의 일들을 설명 없이 시키는 상사에 대한 불만들과 '내가 이 짓 하려고 지금까지 공부하고 여기에 있는 건가?'하는 마음속 깊은 억울함과 자괴감, 같은 일을 지시하더라도 기분 안 좋게 만들어 하기 싫게 만드는 상사부터 때로는 다른 부서 팀장까지 친한 척하며 거절할 수 없게 만드는 경우까지…….

이런 업무들을 모두 받다 보면 '내가 만만해 보이나?' 스스로 열받아서 들이받을 때도 있지만 결과는 본전도 못 찾을 때가 더 많다. 상사니까, 그냥 맞출 수밖에 없는 관계니까 맞추다 보면 대충 요령도 생기고 나만의 노하우도 생기게 된다. 지금 생각해 보면 내가 업무에 대한 이해도나 경험이 없으니 어떤 가이드도 없이 내 일이 아닌 것 같은데 시키는 것 같으면 막연한 빡침을 느꼈던 것 같기도 하다.

일단 자신이 원하는 회사에 취직하는 게 중요한 것은 맞다. 그러나 결국은 나에게 중요하고 자신에게 필요한 역량과 스킬, 네트워크를 쌓아 지속적인 기회를 창출하고 확대하는 것이 결국은 사회생활을 통해 내가 얻고자 하는 목적일 것이다.

누구나 다양한 변화와 가치 있고 재미있는 일들을 찾고 싶어 하기 때문에 요령 있게 행동할 필요가 있다. 원하지 않는 일이나 상사와 의견이 안 맞는 경우에도 내 판단에 확신이 있다면 일단 YES하고 상사를 안심시킨 뒤 내 뜻대로 하면서 한 방을 치는 것도 방법이 될 수 있다.

YES는 억지로 참고 하겠다는 의미가 아니라 말 그대로 긍정의 표현이다. 인간적으로 불합리한 대우와 악의가 있는 감정적인 지시가 아니라면 맡겨진 일에 대해 무조건 최선을 다하고 스스로 찾아서 하는 것이 좋다. 그러면 더 큰 기회가 계속적으로 주어질 것이며 어떤 보스라도 업무 지시에 부정적인 태도와 이유를 달고 답변하는 부하 직원에겐 더 이상의 일이나 기회를 주고 싶어 하지 않는다.

긍정적인 YES맨이 되어 계속적으로 좋은 업무 성과를 내고 경험을 쌓게 되면 나중에 내가 리더가 되었을 때 현명하게 NO라고 할 수 있고 대처할 수 있는 합리적인 리더가 될 수 있다. 어떤 상사는 본인이 직접 할 것도 아니면서 다른 팀과 파트너들과 부딪히기 싫고 쿨한 코스프레를 하느라 아무도 안 받는 일을 거절하지 못하고 가져와 팀원들에게 비효율적인 업무를 가중시키기도 한다. 이렇게 착하지도 않으면서 착한 척 거절하지 못하는 리더는 팀원들을 피곤하게 할 뿐이다.

'NO!' 할 때는 합리적으로 하라

신입 때 조금은 힘들고 억울하고 불합리하게 느껴지더라도 긍정적인 'YES'를 통해 배운 것들이 진짜 리더가 되었을 때 단호하게 거절하고 현명한 선택을 하는 데 중요한 경험이 된다. 리더가 되면 팀과 조직을 보호하기 위해 합리적인 'NO'를 제대로 할 줄 아는 것도 팀을 지키는 리더십 중 하나다. 그때 거절하는 방법을 배워도 늦지 않다.

어떤 일을 할 때 너무 심각하게 고민하거나 의미를 두지 말기를 바란다. 일단 할 수 있는 것은 무조건 하는 게 가장 기본이다. 회사에 충성하고 희생한다고 생각하지 말고 자신의 역량을 주어진 시간 내에 최대한 가성비를 뽑는다고 생각하고 일하면 한결 마음이 편하다. 회사에 충성하다 보니 남는 건 아무것도 없고 골병만 들었다는 신세 한탄은 나중에 해도 절대 늦지 않다. 그런 한탄도 열심히 성실하게 한 사람만이 할 수 있는 특권일지도 모른다.

'NO'를 외칠 때는 부정의 의미가 아닌 앞뒤 전후 사항을 잘 파악하여 회사의 방향성을 전방위적으로 계산하고 고려한 뒤 확실하고 합리적으로 거절하고 거절의 이유를 상대에게 이해시키는 게 좋다. 기분 안 나쁘게 설득하는 것도 능력이다. 하지만 그럼에도 불구하고 쿨하게 어쩔 수 없이 'YES'를 외칠 때는 상대와 함께 내가 우리 팀에서 받아낼 수 있는 이익을 함께 고민하고 조율하는 것이 중요하다. 최선의 조율을 통해 팀원들이 'YES'가 부당하고 손해 보는 것 같다고 생각하지 않도록 동기부여를 하는 것이 타 부서와의 진정한 협력이다.

막연히 "우리 팀이 도와주자", "네가 참고 그냥 해"라는 말로 밑도 끝도 없이 팀원에게 강요하지 말고 도와줄 때는 명분이라도 만들어서 긍정적인 'YES'를 끌어내보는 것이 좋지 않을까? 이 모든 것은 경험에서 나온다. 'YES, YES!'를 외치는 사람들은 늘 아름답다고 나는 느낀다!

끈기

# Give, Give, Give And Take

결정적인 한 방을 위하여 마음의 창고를 개방하라

사람과 관계를 맺을 때 내 원칙은 간단하다! 상대방이 원하고 필요한 부분을 빠르게 알아내서 내가 해줄 수 있는 것을 사심 없이 먼저 해주는 것. 이럴 때 내 마음은 '완전 오픈'이다. 횟수도 상관없고 제한도 없다. 내가 해줄 수 있는 것들을 모두 '창고 개방'하는 게 내 원칙이다.

창고 개방이라고 해서 큰 출혈을 감내해야 하는 것은 아니다. 어떤 사람을 처음 만났을 때 상대방이 원하는 것, 좋아하는 것을 맞춰주는 데는 아주 간단하고 작은 것들이면 족하기 때문이다. 중요한 것은 계산기 두드리지 않고 다가가는 마음이다. 이것이 사람과의 경계를 무너뜨릴 수 있는 첫 번째 스텝이다.

내가 이렇게 하는 이유는 첫째, 이것이 네트워킹의 가장 기본적인 핵심인 까닭이고 둘째, 상대방의 마음을 먼저 이해하고 상대가 필요하다고 말하기 전에 작은 것이라도 먼저 챙겨주는 태도와 센스가 있어야 훗날 내가 도움을 받아야 할 때 결정적인 한 방을 받을 수 있기 때문이다. 이 기약은 내가 하는 업무에서 아주 중요한 결과를 만들어내는 주요 핵심이다.

단 못 받게 되더라도 쿨하게 잊어라. 찌질하게 억울하다고 생각하고 원망하지 말아야 한다. 부탁할 일은 한 번이 아닌 두 번, 세 번으로 반드시 연결되기 때문에(왜냐하면 어차피 회사에서 당신을 가만히 두지 않기 때문에) 그 이후를 위해 잊어버리는 게 중요하다.

이것이 더욱 중요한 핵심일 수 있다. 그리고 언젠가는 꼭 그 한 방이 반드시 가뭄의 단비처럼 필요할 때 자신에게 돌아온다는 걸 굳게 믿어라.

### 짝사랑하듯 외롭게 베풀어야 하는 일

대가를 바라지 않고 당장의 결과를 보지 못한 채 계속 일방적으로 무엇인가를 줘야 한다는 건 매우 힘든 일이다. 상대방이 알아주지 않을 때 나에게 아무런 관심이 없는 걸 알면서도 짝사랑하듯이 계속 바라보고 베풀어야 한다는 건 외로운 일이다.

스포츠 브랜드는 경쟁사가 몇 안 되기 때문에 나처럼 셀럽을 상대하는 담당자들은 촉각이 곤두세워질 때가 많다. 경쟁사로부터 얼마나 핫한 셀럽을 점령하고 커넥트를 잘하여 좋은 결과를 내야 하는 것이 너무도 중요하기 때문이다.

솔직히 상처를 안 받으려고 노력하고는 있지만 제일 황당할 때가 아무것도 아닌 신인 시절부터 제품을 지원해주고 나름 관계도 돈독하다고 느꼈는데 빵 뜨자마자 경쟁사 제품을 보란 듯이 입고 예능이나 공항 패션에 나타나는 경우다. 거기까지는 좋은데 내부 직원들의 아무 생각 없는 코멘트를 들을 때면 정말 크게 상처가 된다.

"영미 팀장님, 셀럽 아무개 씨 팀장님이랑 엄청 친한 우리 패밀리 아니었어요?", "어제 방송 보니깐 경쟁사 A사 제품 입고 나왔던데요? 너무한 거 아니에요?" 그 셀럽을 까는 듯하면서도 잘 들어보면 셀럽 관리를 잘 못하는 것 아니냐는 뼈 때리는 말로 기분 나쁘게 하는 사람들도 있다. 그럼 나는 간단하게 앵무새처럼 늘 하는 말이 있다.

"내 정성과 마음이 부족했나보네. 더 신경 쓰고 잘 챙겨줘야지!"

그들이 원하는 것처럼 같이 셀럽의 뒷담화를 까거나 하는 경우는 없다. 실제로 그렇다. 변심까지는 아니지만 섭섭하고 당장 전화해서 따지고 싶을 때도 있지만 그것 자체도 예의가 아니고 그동안 도움받은 것도 많은데 사소한 걸로 그들에게 잘못 내색

했다가는 관계가 더 멀어질 게 뻔하기 때문이다.

### 마치 쿨병 걸린 사람처럼

어쩔 수 없이 쿨병 아닌 쿨병 걸린 사람처럼 신상품을 가득 예쁘게 포장해서 바로 보내준다. 어떤 셀럽은 선물을 받고 나서 '아차! 내가 실수했구나' 하는 친구도 있고, 내가 다른 경쟁사를 입어도 내가 잘나가니 나이키에서도 별수 없구나 하며 착각하는 친구도 있고, 찔려서 미안해하며 연락 오는 친구 등 각양각색의 반응들이 있다. 그들이 어떤 생각이든 난 관심 없고 브랜드와 꼭 함께 가야 할 친구들에게는 계속 대가나 요구 없이 주고 또 주고 또 준다. 하도 받아서 그들이 미안해서 한 번은 도와줘야 할 맘이 생길 수 있도록!

중요한 건 주면서도 늘 담백한 관계를 유지하는 것이다. 주면서도 그들이 부담 갖지 않도록 생색내거나 강요하지 않고 사사로운 것에 일일이 반응하지 않고 기다리는 게 중요하다.

10년 넘게 꾸준히 사랑받고 있는 그룹 하이라이트(예전 비스트) 멤버인 가수 이기광은 예명인 AJ로 솔로 첫 데뷔할 때부터 눈여겨보고 잘될 것 같은 예감을 받은 친구다.

첫 뮤직비디오를 나이키 홍대 매장에서 촬영할 수 있도록 PPL을 연결하고 음악 콘셉트상 나이키 조던 운동화에 전체 큐빅을 박아 커스텀하는 게 포인트였다. 나는 그 제품을 구하기 위해 스타일리스트와 신발 전문 커스텀 아티스트를 찾아 퀄리티 좋은 제품을 계속 지원하고 그 이후에 다시 비스트로 컴백했을 때도 2~3년간 지속적으로 지원했다. 물론 비스트는 데뷔하자마자 성공적으로 인기를 끌었다.

### 4년의 꾸준함이 누나 동생 사이로

이기광은 낯을 많이 가리는 편이었지만, 나는 그래도 시간이 많이 흘렀으니 조금은 마음이 오픈되었겠지 하는 마음에 나이키 셀럽만 이용할 수 있는 전용 쇼룸에 그를 초대했다.

그러나 역시 내가 예상했던 대로 불편해하면서 너무도 깍듯이 예의를 차리는 모습에 '이 자리가 무척이나 부담스럽구나' 하는 생각이 들었다. 그 이후로는 그에게 어떤 행사에도 초대하거나 참석을 권유하지 않았고 스타일리스트를 통해 제품만 꾸준히 보내주기를 4년 동안 해오던 순간, 어느 날 비스트 소속사 실장으로부터 연락이 왔다.

그가 어떻게 내 연락처를 알았는지 알 수는 없었으나, 이기광 씨한테 연락처를 받았다며 회사 내 축구팀을 만들었는데 유니폼을 지원해달라고 부탁해왔다. 4년 넘게 계속 제품을 지원해주고 실제로 대면했을 때도 많이 부담스러워했지만 나를 기억하고 필요로 할 때 연락을 줬다는 고마움에 단번에 오케이를 하고 필요한 모든 축구 용품을 지원해줬다.

그것이 많이 고마웠는지, 그 일이 계기가 되어 그 이후로 우리 축구 행사뿐 아니라 화보 촬영, 어떤 이벤트에도 한 번도 빠지지 않고 스케줄을 조정해서라도 참석해줬다. 더욱 고마운 건 행사장 같은 곳은 낯가리고 불편해서 가지도 않는 친구가 내가 하는 프로젝트라면 언제든지 한걸음에 달려와 나에게 힘을 준다는 것이다.

4년의 시간이 무색할 정도로 우리는 지금까지 서로를 챙겨주고 격려해주고 가끔 삼겹살에 소주 한잔 기울이며 몇 시간이고 수다를 떨며 이런저런 속 얘기를 털어놓을 만큼 좋은 누나 동생으로 지내고 있다.

## 내 시간은 언제나 오픈되어 있다

이렇게 어떤 셀럽들은 몇 년씩 짝사랑만 하는 나를 돌아봐주고 마음을 열어주고 보상하듯이 더 긴 시간을 나의 일에 힘을 실어준다. 내가 주는 건 단순히 제품만이 아니다. 그들이 나를 필요로 할 때는 시간 또한 마찬가지다. 이른 시간이든, 밤늦은 시간이든 나와 이야기하길 원하는 사람들에게 나의 시간은 언제나 오픈되어 있다.

브랜드 회사에서 일하기 때문에 언젠가는 작든 크든 한 방을 받아내야 하는 순간이 반드시 필요하기 때문에 일단 줄 수 있을 때 많이 베풀고 적립금처럼 포인트를 쌓아놓지 않으면 안 된다.

사소한 감정에 흔들리거나 일일이 반응하지 말고 기다리는 것에 익숙해져야 한다. 그것이 계속 주는 어떤 것보다 지켜야 할 마음가짐이라고 생각한다.

신뢰

# 믿음으로 일하라

## 한국의 팸 매코넬을 꿈꾸다

요 몇 년 사이 급격하게 인플루언서라는 단어가 화두가 되면서 현재는 주요 마케팅 전략으로 자리매김했다. 인플루언서 마케팅에 대한 중요성은 각종 미디어, 많은 마케팅 전문가들의 강의, 전문 서적 등을 통해 쉽게 접할 기회가 많은 것도 사실이다. 인플루언서의 효과에 대해서는 브랜드와 채널마다 너무도 다양하기 때문에 정답은 없으며 그 본질을 잘 파악하고 효율적으로 판단하여 진행하는 것이 바람직할 것이다.

나이키는 이미 40년 전에 엔터테인먼트 마케팅이라는 조직이 존재했고 대표적으로 영화 〈백 투 더 퓨처〉에 나온 나이키 맥

운동화, 〈왓 위민 원트〉에 등장하는 나이키 광고 카피 이야기, 〈포레스트 검프〉에서 톰 행크스가 신고 나온 코르테즈 운동화까지 명장면을 금방 떠올릴 수 있을 정도로 유명한 사례가 한두 가지가 아니다. 요즘엔 여러 브랜드들에서 돈으로 사람을 산다. 하지만 나이키는 40년 동안 관계로만 비즈니스를 했고 그 흔한 계약서도 없다. 왜냐하면 그들과의 관계는 종료 기간도 없고 '딜'이 필요 없는 관계였기 때문이다.

그것이 가능했던 것은 40년간 글로벌에서 엔터테인먼트 마케팅 조직을 처음 만들고 이끌어온 팸 매코넬이 그 중심에 있었던 덕분이라고 생각한다. 지금은 나이키를 떠났지만, 팸은 내가 스크린 속에서만 동경하던 할리우드의 유명 배우들과 '절친' 관계를 유지했고, 그들로부터 존경받고 사랑받는 브랜드를 대표하는 워너비 얼굴이었다.

나 역시 나이키에 근무했을 시절, 그녀의 엔터테인먼트 마케팅에 대한 철학과 글로벌에서 진행했던 많은 사례 등을 다운로드받으며 마음 한구석에서 나도 한국을 대표하는 팸 같은 존재가 되고 싶다는 생각을 했다.

## 돈이 아닌 진정한 관계를 맺어야 한다

나는 한국에 엔터테인먼트 마케팅이라는 단어 자체가 아예 존재하지 않을 때부터 셀럽&인플루언서 마케팅을 처음 세우고 수많은 셀럽, 아티스트, 크리에이터 등 다양한 인플루언서, 브랜드들과 함께 협업하며 많은 일들을 리드해왔다. 그렇게 일한 세월이 20년이 넘는다.

나이키의 글로벌 정책 원칙이 그렇기 때문에 셀럽이나 인플루언서들과 계약서 없이 오직 관계로만 비즈니스를 한다. 물론 공식적인 광고 모델이나 잡지 촬영, 공연 등 퍼포먼스에 따른 계약이나 비용은 진행된다. 여기서 말하는 비즈니스는 타 브랜드처럼 제품을 착용하고 방송, 공항 패션, SNS, 이벤트 참석 등 셀럽이 출연하거나 노출하는 데 따른 대가로 현금을 주지 않는다는 의미다. 따라서 진짜 관계를 맺는 것이 제일 중요하다. 그 관계의 핵심은 바로 '믿음', '신뢰'가 기본 바탕이 되어야 가능하다.

상대방을 믿지 않으면 나도 믿음을 줄 수 없다. 그렇기 때문에 진짜 나 자신을 정직하고 일관성 있게 보여주는 것이 아주 중요하다. 우리는 멋진 프레젠테이션 스킬이나 프로페셔널한 커뮤니케이션 능력이 아닌 가슴으로 사람의 마음을 움직이는 일을 하기 때문에 더욱 그렇다.

트랙&필드 코치였던 나이키 창립자 빌 바워만(Bill Bowerman)은 선수들과 소통하고 오직 선수들에게 진정 필요한 게 무엇인지를 찾기 시작했다. 그는 늘 가르치는 데 열정을 쏟았고 실력 향상을 위해 끊임없이 노력했는데 그것이 신발을 팔기 위한 행동은 절대 아니었다.

빌 바워만은 선수들의 이야기를 항상 경청했고 그들이 어떻게 느끼고 있는지 최대한 다 받아들이고 배우려는 정신을 잃지 않았다. 선수들이 그를 믿고 따르는 신뢰가 없었다면 지금의 나이키는 존재조차 하지 않았을 것이다. 선수들에 대한 강한 믿음과 관계만이 나이키가 성장할 수 있는 강한 원동력이라고 지금도 나는 믿고 있다.

### 몸으로 때웠던 우정은 최고의 라인업으로 돌아오고

최고의 힙합 듀오인 다이나믹 듀오의 개코와 최자는 내가 가장 좋아하는 남동생들이다. 그들과 나는 20년 동안 단 한 장의 계약서도 없이 관계를 유지해왔다. 그래도 단 한 번도 다른 경쟁사로 외도를 한 적 없는 진짜 의리와 믿음이 있는 친구들이다. 그렇지만 우리는 서로 한 번도 충성을 강요하거나 굳이 의리를 외치거나 요란하게 친분을 과시하는 사이도 아니다.

그럼에도 20년 동안 수많은 경쟁사의 달콤한 유혹을 뿌리치고 한 브랜드와 이미지를 함께 유지한다는 건 정말 유일무이한 사례일 것이다. 오랜 친구 사이가 그렇듯이 개코와 최자는 지금도 소주 한잔하고 거하게 취하면 늘 옛날 레퍼토리를 늘어놓는다.

두 사람은 나도 기억에 없는 만행을 들춰내며 고맙다는 말을 몇 번씩 전하곤 한다.

"영미 누나가 우리 무명 시절에 나이키 협찬은 꿈도 못 꿀 때 잘나가는 H.O.T. 협찬 물건 중 몇 개를 몰래 챙겨줘서 우리도 간지 나게 정말 폼 잡으며 다닐 수 있었지!"

생각해보면 그때부터 이미 끈끈할 수밖에 없는 관계가 시작되었는지도 모른다.

다이나믹 듀오의 노래 중 유명한 〈다시 쓰는 이력서〉 가사에도 나오는 가로수길 10평짜리 사무실에서 개코와 최자는 CB MASS라는 팀명을 다이나믹 듀오로 바꾸고 새 출발을 했다.

나는 개업식 날 같이 예배를 드리고 최자 어머님이 해오신 떡을 함께 먹으며 개코, 최자를 포함해 전 직원 5명인 '아메바컬처'의 탄생을 함께했다. 물론 지금은 최고의 힙합 대표 레이블이 되었다. 처음 다이나믹 듀오로 새롭게 시작할 시점에는 나이키에서 현금을 스폰할 수 있는 상태도 아니었기에 물질적인 도움을 줄 수는 없었지만 단 몇십 만 원이라도 제작 비용을 아끼느라 고생하는 다이나믹 듀오 동생들을 위해 때로는 동물 가면을 쓰고 잔디밭을 미친 듯이 점프하고, 어떤 때는 강남 스트리트를 활보하는 힙합녀가 되는 등 다양한 캐릭터로 변신해 앨범 재킷, 뮤직비디오 속에 깨알같이 엑스트라로 왕성하게 활동했고 그때의 내 모습은 지금도 찾아볼 수 있다.

지금 생각하면 너무 재밌는 추억들이다. 그때는 그 모든 것이 내가 해줄 수 있는 유일하고 당연한 것들이었다.

어느새 그들은 너무도 훌륭한 힙한 아티스트로서 레전드가 되었고, 나이키 모든 공연에 최고의 라인업으로 피날레를 장식해주었다. 어떠한 조건도 스케줄도 일순위로 맞춰주며 나를 의심하게 만들거나 믿음을 저버리는 일 따위는 20년 동안 한 번도 해본 적이 없는 가족이라고 감히 말할 수 있는 남동생들이다. 그리고 지금도 미래를 함께 그려가며 계속적으로 기회를 찾으며 또 다른 변화를 함께 꿈꾸고 있다.

## 어떤 셀럽이든 먼저 하나의 인간이다

나는 셀럽을 대할 때 원칙이 몇 가지 있다. 작은 약속이라도 꼭 지키도록 애쓰는 것. 만약 지키지 못하면 솔직하게 말하고, 거절할 것들에 대해서는 주저하지 않고 명확하게 내 의사를 전달하고 안 되는 것에 기대하지 않게 하는 것. 단, 어떠한 결정도 상황에 따라 기분에 따라 일관성 없이 행동하지 말 것.

이 업계에서 늘 문제가 되는 것은 쉽게 해줄 것처럼 얘기하고 지키지 못하면서 핑계만 늘어놓고, 별것도 아닌 일로 상처를 주는 일들이다.

일관성 있는 태도와 때로는 단호하게 돌직구를 날릴 수 있는 솔직함, 상대방의 생각과 마음의 소리를 듣고 원하는 것을 먼저 해줄 수 있는 따뜻한 마음, 먼저 상대방을 믿어줄 수 있는 담대함, 이런 것들이 내가 가장 소중하게 생각하는 사람을 대하는 자세다.

어떤 셀럽이든 간에 모두가 인간이고 그 안에는 진심이 반드시 존재한다. 그 진심을 직시하고 믿는 것. 그것이 내가 20년간 해왔던 일이었고 지금 역시 하고 있는 일이다.

감성

# 오감으로 연결한다

## 나는 온몸으로 사람을 만난다

우리가 곧 맞닥뜨릴 미래는 기계와 사람의 역할 경계가 모호해지는 시대다. 이 혼란의 시기에 각자 맡은 일자리에서 본연의 역량을 갖추는 일은 매우 중요해질 것이다. 21세기에는 '창조성'이 매우 중요해질 것이라고 사람들이 떠들어대지만, 나는 창조성이란 특출한 개인의 능력보다 사람과 사람 사이의 소통과 교감에서 발현되며 이것이 핵심 인재를 가름하는 기준이 될 것이라고 생각한다.

시대가 복잡해지고 다각화되면서 혼자 할 수 있는 일들은 로봇으로 대체될 테지만 우리는 끊임없이 사람들과 연결되고 소통하며 문제를 해결하고 성과를 내야 한다. 더욱 인간만이 가질 수 있는 오감을 충분히 살려 진화해야 한다.

우리가 겪고 있는 모든 문제와 갈등의 본질은 사람이 만들기 때문에 진정한 문제 해결 능력은 사람으로부터 시작된다. 사람을 마주 대하고 파악할 수 있는 힘을 기르는 연습, 그것은 세상으로부터 나를 지켜나가기 위한 강력한 힘이 되고 좋은 사람들과의 연결은 나 자신을 더욱 유연하고 흔들리지 않게 지탱해줄 것이기 때문이다.

그러기에 나는 사람들을 만날 때 오감을 활짝 열어둔 채 온몸을 다해 만난다. 그 사람을 만났을 때의 느낌을 모두 기억에 남기는 것이다. 그 기억을 잊지 않기 위해 나만의 방식으로 하나하나 기록해둔다. 처음 만났을 때 그 사람에게 느껴지는 전체적인 분위기, 그 사람의 목소리, 처음 만났던 장소, 좋아하는 패션 스타일, 컬러, 같이 마셨던 메뉴까지도…….

가장 중요한 함께 나누었던 것 중 마음에 새기고 싶은 이야기와 순간들은 나만의 소중한 일기장에 고스란히 기록한다. 하고 싶은 말들을 전할 수 없어 상처를 받았을 때는 수없이 편지를 써 내려가며 모든 감정을 쏟아붓기도 한다. 물론 한 번도 보내지는 못했지만.

첫 만남부터 관계를 이어가는 과정 속에서 생기는 모든 변화들을 그때그때 업데이트하며 지속적으로 기록하는 것은 내게 매우 중요한 절차다. 직업 특성상 많은 사람들을 만나는 내게 반드시 필요한 '나만의 기억' 방식이 되는 까닭이다.

## 영원한 선수, 이시영

25년간 나이키에서 근무하면서 그중 20년은 셀럽, 인플루언서를 비롯하여 수많은 파트너들과 협업하며 다양한 프로젝트를 진행했다. 그중에서도 셀럽만큼 오감이 발달하고 그 오감을 이용하여 끊임없이 새로운 모습을 보여주고 변화하며 팬들과 소통하는 매력적인 직업군은 보지 못했다. 나는 그런 셀럽들과 함께 협업하며 많은 일을 해왔다.

오감이 발달한 그들과 일을 하려면 나의 오감 또한 늘 팽팽히 서 있어야 한다. 오감과 오감이 부딪칠 때 시너지 효과가 크게 나온다는 것을 그간 몇 번의 성공 경험으로 익혀왔기 때문이다. 내 오감이 적중한 대표적인 사례는 권투선수에서 마라토너로 변신한 이시영 배우일 것이다. 그녀는 나에게 영원한 선수로 기억되는 셀럽이다.

그녀가 권투선수에서 은퇴한 뒤 나는 그녀로부터 무언가 상당한 에너지가 빠져나간 듯한 느낌을 받았다. 나는 그런 그녀에게 아주 가볍게 "시영아! 러닝 한번 해볼까?" 무심히 한마디 던졌고 그녀는 내 제안을 흔쾌히 받아들였다.

내 제안은 그녀가 현역 시절 대화하던 중 무심코 던진 말에서 비롯되었다. 그녀는 권투선수로 훈련을 받을 때 새벽마다 하는 달리기 훈련이 복싱보다 훨씬 더, 몇 배로 힘들었다고 한 적이 있다. 그녀는 기억을 못 하겠지만 나는 당시 그녀의 말을 인상 깊게 저장해둔 터였다. 아무래도 러닝 훈련은 기초체력이 매우 중요하므로 힘든 것이 당연한 결과인데도 당시에 그녀는 억울한 듯 속상하다고 얘기했었다.

나는 선수 시절 달리기가 그저 혹독한 훈련이었던 기억을 은퇴 후 느끼는 공허한 상실감을 채워주는 도구로 쓰자고 권유했던 것이다. 당시 나는 이시영에게 필요한 것은 그녀로 하여금 운동할 수 있게 권유하고 지원하는 것뿐이라고 생각했다. 그냥 마음으로만, 대화로만 끝나는 위로나 격려가 아니라 그녀에게 실질적으로 필요한 다른 운동을 할 수 있도록 기회를 만들어주는 게 내가 해줄 수 있는 유일한 일이라고 생각했다.

그렇게 그녀는 러닝을 시작했고, 2016년을 스타트로 세 번 이상의 하프 마라톤을 2시간 내에 완주하는 기록을 세웠다. 그녀는 하루도 빠짐없이 달리기를 하며 본인의 인스타그램에 기록을 포스팅하며 열정을 다했다. 그리고 러닝에 대한 그녀의 진정성 있는 소통은 실제로 팬들까지 달리게 만들었다.

나는 그녀가 포기하지 않고 계속 마라톤에 도전할 수 있도록 단순 제품 지원뿐 아니라 일대일 전문 코치를 붙여 원하는 시간에 편하게 훈련받을 수 있게 지원하고, 때로는 지루하지 않게 러닝메이트들을 붙여줬다. 더불어 나이키 러닝 광고 모델로도 함께하면서 왜 달려야 하는지 동기부여와 명분을 주기 위해 노력했다.

나이키는 4~5년 전만 해도 선수가 아닌 셀럽을 광고 모델로 기용하는 경우는 없었다. 하지만 배우 이시영이 광고 모델이 될 수 있었던 건 단순히 예쁜 여배우여서가 아닌 진정한 러닝 선수였기 때문에 가능했다고 생각한다.

## 무엇을 한 것보다 어떻게 느끼게 하느냐가 중요하다

어떤 사람을 만나든 나의 오감을 최대한 오픈하여 그들의 이야기를 진심으로 들어주고 기록하고 남들이 못 보는 또는 안 보이는 내면의 강점과 잠재력을 발견하고 그 기회를 통해 결과를 만들어내는 것. 이것이야말로 나는 제품과 사람을 연결하고, 셀럽과 광고의 슬로건을 연결하는 진정한 커넥터의 역할이라고 생각한다. 그리고 이것이 내가 오감을 통해 사람들과 연결하는 방법임을 자부한다.

나이키 글로벌에서 스타 마케팅을 40년간 해온 팸 매코넬이 언젠가 이런 말을 한 적이 있다.

"사람들은 당신이 무엇을 말하고 무엇을 하든 간에 쉽게 잊어

버릴 것이다. 그러나 네가 그들에게 어떤 느낌을 느끼게 해준 점은 절대 잊지 못할 것이다. 어떤 느낌의 사람인지, 어떻게 느끼게 하는지가 무엇을 한 것보다 더욱 중요하기 때문이다."

어떤 일을 앞두었을 때, 누군가를 만나러 갈 때도 나는 언제나 이분의 말을 가슴에 새긴다.

# 문자 말고 스킨십하라

"직접 대화하는 게 불편해요"

나는 업무 특성상 10대 후반에서 50대까지 다양한 사람들과 소통하며 산다. 그런데 요즘 내가 젊은 후배들에게 자주 듣는 공통된 고민이 하나 있다. 바로 "사람을 직접 만나서 대화하는 게 불편해요"라는 말이다.

그들은 하나같이 대화보다는 문자가 훨씬 편하고 그러다 보니 어느 순간 사람을 만나도 대화하는 스킬이 떨어진다며 고충을 털어놓았다. 더 나아가 어떻게 말을 조리 있게 해야 할지도 모르겠다며 난감해했다. 또 상대방의 반응이 너무 신경 쓰여 아무 말도 못 하고 속앓이하는 친구들도 의외로 많았다.

본인이 하고 싶은 말은 다 하고 살 것 같은 밀레니얼 세대가 사실은 상대방을 무척이나 의식하고 신경 쓰고 있다니 정말 의외였다. 또 아무리 나와 세대 차이가 난다고 해도 어떻게 사람 만나 대화하는 것을 어색해할 수 있는지도 나로서는 이해가 되지 않았다.

### 키보드에서만 날아다니는 사람들

한편으로는 메신저나 온라인으로 더 많은 소통을 하는 지금의 시대가 젊은이들의 의사소통 방식을 바꾼 게 아닌가 싶은 생각도 든다. 얼굴을 직접 보고 얘기하는 것보다 메신저나 온라인을 통해 더 많은 소통을 하고 있기에 상대방이 어떤 생각을 하고 있는지 파악하는 방식에 분명 한계가 있는 것도 사실이기 때문이다.

언제부터인가 우리는 모든 업무를 이메일이나 메신저로 하고 직접 만나 미팅하는 게 비효율적이라며 모든 시스템을 간편하게 만들고 프로세스를 최소화시키고 있다. 그런데 한번 진지하게 묻고 싶다.

'이렇게 프로세스를 최소화시키고 있는데 왜 일은 그만큼 줄어들지 않고 거기에 맞게 계속 격무에 시달리는 걸까?'

물론 빠르게 변해가는 시스템에 적응해야 하는 것은 분명하지만, 상황에 따라 잘 대처하고 업무를 잘하기 위해 효율성을 따지는 일 또한 매우 중요하다. 그러나 편리해진 만큼 그 이면의 부작용 또한 있는 게 사실이다.

일례로 업무 그룹 채팅에서 아슬아슬한 신경전을 벌이며 일하는 후배들이 그런 경우다. 그냥 얼굴 맞대고 말로 하면 빠르게 해결될 일을 구구절절 키보드 두드려가며 왜 화를 내고 불평을 하는 건지……. 장문의 댓글이 오히려 업무의 효율성을 떨어뜨리는 경우도 많기에 나는 그들의 키보드 싸움을 볼 때마다 안타까운 마음마저 든다.

### 글만으론 안 된다

글은 흔적으로 남기 때문에 더욱 사람을 기분 나쁘게 하고 감정을 도발하게 만든다. 그들은 글로 자신의 표현을 합리적으로 표현한다고 하지만 지켜보면 그러지 않은 경우가 대부분이다. 정보를 공유하기에 텍스트는 너무 좋은 툴이다. 간단한 정보 공유와 의사 전달을 할 때 온라인 문자만큼 명확하고 편리한 것은 없다. 요점만 간단하게 전달할 수 있어 바쁜 업무에 매우 도움이 되는 게 사실이다.

하지만 문제가 생기거나 빠르게 해결해야 할 일, 부딪혀서 소통함으로써 정리할 수 있는 일은 직접 만나서 푸는 게 현명하다.

오해가 생길 만한 민감한 대화 또한 마찬가지다. 상대방과 부딪히기 싫고 상대하기 싫다는 이유로 책상에 앉아 계속 키보드만 두들기다가 시간을 허비하고 불필요한 감정싸움으로 상처받은 적은 없는지 생각해보자.

나도 그런 적이 수없이 많았다. 그랬기에 어느 순간부터는 먼저 가서 소통하고 그 이후에 논의된 부분들을 간략하게 정리해서 공유하는 습관을 의도적으로 할 때도 있다. 더욱 중요한 건 상대방이 어떤 커뮤니케이션을 선호하는지 파악하는 것이다.

## 처음이 어렵지, 스킨십은 할수록 중독된다

나에게 고민을 털어놓는 후배들에게 나는 이렇게 강조한다. "문자를 이용하면서도 대면 대화에도 반드시 익숙해지라고!" 나 역시 온라인과 오프라인의 역량을 모두 갖추려 노력하고 있다.

내가 선택한 방법은 심플하다. 업무적인 것부터 분류하는 것이 좋다. 메신저로 해야 할 일이 있고 만나서 직접 논의함으로써 빨리 해결되는 일들이 있다. 그것을 정확하게 구분해서 상황에 맞게 동료와 논의한다. 그리고 특히 시간을 다투어 돌아가는 중요한 일들은 꼭 구두로 확인한다. 그리고 메신저 역시 하루를 마감하는 시점에 다시 한 번씩 다 읽어보고 놓친 부분이 있는지 꼼꼼히 기록한다.

때로는 직접 만나 논쟁하는 것도 필요하다. 소통에서 가장 중요한 건 설득이 100퍼센트라고 해도 과언이 아니기 때문이다. 글로는 설득하는 데 한계가 있다. 얼굴 보고 눈을 맞추고 입부터 떼는 연습부터 하자. 스킨십을 자꾸 하는 버릇을 해야 성장할 수 있다. 진정한 연결자가 되려면 사람 만나는 일에 익숙해져야 하고 연습이 필요하다.

실행력

# 현장을 중시하라

## 실무 없이는 현장도 없다

살다 보면 수없이 많은 일들을 경험하게 된다. 내가 할 수 있는 일, 하고 싶은 일. 그 어떤 일을 하게 되더라도 실무와 현장 경험 없이는 지속적으로 할 수 있는 일도, 그룹의 리더도 절대 될 수 없다. 나 역시도 지금까지 현업에서 활발하게 목숨을 부지할 수 있는 이유는 25년 동안 나이키 현장 실무를 했던 디렉터였기 때문이라고 감히 단언한다.

지금의 이 생존력은 어쩌면 이렇게 스펙터클하게 공중회전을 끊임없이 하면서 얻은 보상이라고 해도 좋다. 태어나면서부터 금수저로 태어나 죽을 때까지 그렇게 살 수 있으면 상관없으나 그러지 않은 이상 늘 '을' 같은 자세와 마인드를 몸에 담고 살다 보니 당연히 얻은 결과라 생각한다.

퇴사하는 날까지 현장 경험과 실무를 했던 나의 커리어가 지금의 나에게 또 다른 기회를 만들어준 건 분명하다. 화려한 경력만큼 어떤 포지션에도 쓸모 있는 사람으로 현장을 리드하고 멀티태스킹이 되어야만 살아남을 수 있다.

어쩌면 회사를 나오는 순간 그때부터 나의 가치가 점수 매겨지는 진짜 서바이벌의 시작이라 해도 좋다. 디테일까지 완벽하게 작업이 가능한 실무 능력이 없고 트렌드에 감 떨어지는 사람은 아무도 원치 않기 때문이다. 그 사람이 아무리 좋은 대기업 출신 누구일지라도, 책상머리에서 연봉만 축내고 디렉터라는 타이틀을 달고 디렉션만 주는 사람은 결국 도태되고 만다. 어떤 조직도 그런 사람과 일하고 싶어 하지 않는다.

나이를 먹었다면 그만큼 베테랑처럼 실무를 직접 후배들과 뛰면서 정확한 디렉션을 주고 확실하게 눈에 보이는 결과를 보여주어야 한다. 자신은 역량이 이미 검증된 사람임을 확실하게 보여주어야 한다. 특히 요즘같이 멀티플레이어만 살아남고 요구되는 시대에는 다양한 현장 경험이야말로 자신을 살리는 매우 중요하고 요긴한 핵심역량이라고 할 수 있을 것이다.

## 언리미티드, 현장에도 한계는 없다

2016년 리우 올림픽 기간 동안 나이키에서는 '언리미티드 #한계는 없다'라는 중요한 캠페인을 벌였다. 17일 동안 매일 17개의 운동 미션을 주고 소비자들이 직접 미션을 수행한 후 해시태그 '#justdoit', '#한계는 없다'와 함께 그 결과를 SNS에 공유하는 캠페인이었다. 러닝, 축구, 요가 등 종목에 상관없이 매일매일 주어지는 17개의 미션을 완수한 소비자들은 파이널 셀러브레이션에 초청되어 다 함께 러닝을 한 후 대형 콘서트 관람까지 한 달 내내 이어지는 캠페인이었다.

매일매일 운동 미션을 내리고 소비자들을 움직이게 한다는 것 자체가 내부에서는 매우 큰 과제였고 그 해답의 가장 큰 핵심은 인플루언서의 힘이라고 판단되었다. 하지만 셀럽과 인플루언서들 중에 운동을 하는 사람도 많지 않을뿐더러 운동하는 모습이나 과정 등을 대놓고 SNS에 올리는 것 자체도 기피하기 때문에 나에게도 우리 팀에게도 큰 도전이었다.

나는 며칠 고민 끝에 기존에 운동을 열심히 하고 있는 인플루언서가 아닌 새로운 루키를 찾아 17일 동안 미션을 함께 도전하며 변화하는 그 과정을 보여주는 것이 진정성 있는 'justdoit'이라고 생각하고 방향을 정했다. 그런 관점으로 어떤 셀럽이 좋을지 리스트업을 하기 시작했고 내가 꽂힌 건 신인 걸그룹 '구구단'이었다.

신인 걸그룹의 경우 아무래도 연습 시간이나 활동이 많기 때문에 현실적으로 운동을 하기에는 무리가 있었다. 그 때문에 나는 함께 해보고 싶다는 매력을 더 느꼈는지도 모른다. 나는 관계도 전혀 없었던 '구구단' 소속사에 어떻게 프로포즈하면 좋을지 다양한 방향으로 그림을 그리기 시작했다.

### 처음부터 끝까지 내 손으로

구구단은 '#한계는 없다' 캠페인 기간 동안 17개의 운동 미션을 9명 멤버 전원이 완벽하게 실행했을 뿐 아니라 지코, 빈지노, 크러쉬가 라인업되었던 파이널 공연 무대에 첫 오프닝 퍼포먼스까지 설 수 있게 되었다. 신인 걸그룹으로서 5,000명이 넘는 관객들 앞에서 공연을 할 수 있게 되었다. 그 공연 자체도 의미가 있었지만 무엇보다 구구단 멤버 모두 운동을 하는 과정 등을 공식 SNS, 네이버 V-APP까지 연결하여 라이브로 송출해 팬들과 소통하였고 데일리로 17개의 미션을 모두 도전한 후 진행되는 축하 무대에서 미션에 참가한 다른 소비자들과 함께한다는 것에 더 큰 의미가 있었다.

실질적으로 구구단 덕분에 운동에 대한 참여도가 매우 낮은 젊은 10대 팬들이 운동 미션에 열심히 참여하고 공유하고 셀레브레이션 공연까지 응모한 덕에 에너지는 배가 되었다.

단순히 여자 아이돌 덕질이 아닌 스포츠를 통해 팬들과 직접 소통함으로써 건강한 이미지를 구축할 수 있었다.

내가 이 프로젝트를 리드하면서 구구단을 연결하기 위한 제안서에 가장 중점을 둔 부분은 계약한 광고 모델이 아닌 그들에게 어떤 명분을 줄 수 있을지에 대해 고민하는 것이었다.

신인 걸그룹에게 운동을 통한 건강한 이미지를 보여줄 수 있는 단순 비주얼 화보가 아닌 매일매일 미션을 실행하면서 진정성 있게 운동하는 과정을 팬들과 공유하고, 그 미션을 마친 후에는 신인그룹으로서 대규모의 첫 공연을 하는 것까지 스토리를 엮어 그녀들에게 동기부여와 명분을 가질 수 있도록 플랜을 구상했다. 그리고 잘할 수 있도록 전문 트레이너와 함께 운동할 수 있는 플랫폼을 제공하기도 했다.

나의 제안서는 항상 브랜드 입장이 아닌 상대방이 원하고 얻어갈 수 있는 이익에 맞춰 작성되고 실행된다. 나는 많은 현장과 실무 경험이 있기에 어떠한 경우에도 그 과정 속에서 우리가 원하고자 하는 목표를 이룰 수 있고 더 좋은 결과로 이끌 수 있기 때문이다.

현장 속에서 만나는 수많은 사람들과 일어날 수 있는 일들에 대한 시나리오를 머릿속에 그리며 기획하고 실행해나간다는 건 시행착오를 줄일 수 있는 좋은 방법이다.

나는 어떤 프로젝트가 있더라도 첫 단계에서의 컨택, 미팅,

이벤트 기획까지 손수 하는 게 습관처럼 되어 있다.

현장 경험이 부족한 사람의 프레젠테이션은 절대 파트너의 마음을 움직일 수 없고 바닥이 금방 드러나기 때문에 한계가 있다. 사람의 인맥으로 연결되어 한두 번의 일은 할 수 있겠지만 많은 현장 경험에서 나오는 내공은 절대 흔들리지 않고 강하게 나 자신을 잡아줄 것이다. 늘 우리는 불안정한 시스템과 뜻하지 않은 사건과 문제 속에서도 완벽함을 추구하고 멋진 결과를 만들어내야 하는 마케터이기 때문에.

안목

# 루키 때 잡아라

"어려서부터 너무 잘 챙겨줘서……"

나는 셀럽들과 밀접하게 관련된 일을 하는 만큼 예나 지금이나 그들로부터 많은 도움을 받는다. 그런데 내가 그들에게 가장 많이 듣는 말이 하나 있다. 바로 "언니가, 누나가 어려서부터, 신인 때부터 너무 잘 챙겨줘서"라는 말이다.

내가 그들로부터 받은 고마운 것들이 훨씬 많은데도 불구하고 셀럽들의 마음에는 '이영미는 항상 챙겨주는 사람'이라는 인식이 알게 모르게 생긴 것 같다. 그 겸손하고 배려심 있는 마음을 알기에 나는 그들에게 늘 고맙다. 그들이 나에게 이런 마음을 가지는 이유는 아마도 셀럽 대부분이 '루키' 때 나를 만난 덕분이라고 나는 확신한다. 큰 거물급 스타가 되기 전 신인 때 그들을 만났고 그들과 예나 지금이나 지속적인 관계를 유지하고 있는 덕분이라고.

## 드라마를 드라마로 보지 못하고

업무 특성상 나는 TV, 영화, 온라인 등 어떤 매체를 보더라도 마음 편히 100퍼센트 빠져들어 본 적이 없었다. 늘 촉을 세워 괜찮은 사람 없나, 괜찮은 인물 없나 살피기 바빴다. 드라마를 보다가도 괜찮다 싶은 인물이 눈에 들어오면 인터넷으로 검색을 하고 그가 출연했던 모든 영상, 인터뷰 등을 샅샅이 모니터하곤 한다.

기획사 캐스팅 디렉터처럼 잠재력 있는 신인을 발굴하기 위해 매의 눈으로 치밀하게 신인들을 관찰하는 습관 덕분이다. 이유는 단 하나, 우리 브랜드와 강하게 커넥션을 가져갈 수 있는 또 우리 브랜드에 전략적으로 맞는 셀럽, 인플루언서들을 계속적으로 찾아내 롱텀 릴레이션십을 구축하는 일이 매우 중요하기 때문이다. 그리고 이런 관계는 루키 때부터 함께하지 않으면 진정성 있는 관계를 만들어가는 데 한계가 있고 어렵다. 그래서 숨어 있는 진주 같은 셀럽을 찾는 것이 매우 어려우면서도 의미 있고 중요한 일이다.

## 흙 속의 진주를 보는 안목

나는 이쪽 분야에서는 나름 잠재력이 있는 신인을 발굴하여 그들과 지속적인 관계를 유지하며 서로 윈-윈 하는 전략가로 알려져 있다. 발굴한 신인과 어울리는 판을 잘 깔기로 소문이 나 있고, 또 성공한 여러 사례들이 증명된 터라 어떤 소속사로부터 발굴한 신인을 한번 봐달라는 요청을 받아 몇 번 모니터를 해준 적도 있을 정도다.

내 촉은 100퍼센트는 아니어도 50퍼센트 이상 맞아떨어지는 편이다. 그래서 이 분야에서 내 포지션 또한 '매의 눈'의 소유자로 이름나 있다. 모든 매체 및 미디어를 모니터하는 게 일상처럼 되어 있고 괜찮은 유망주가 눈에 들어오면 그가 했던 단역부터 독립영화, 소소한 인터뷰까지 찾아보고 여러 각도에서 엔터테이너로서의 성장 가능성을 체크한다.

실제로 2003년 〈반올림〉이라는 성장드라마에 조연으로 출연한 유아인 배우에 꽂혀 그가 나오는 독립영화 상영관을 찾아다니면서 배우들이 무대 인사를 하러 나오는 타이밍에 맞춰 관객처럼 인사를 건넨 적도 있고, 김수현 배우의 첫 데뷔작 시트콤 〈김치 치즈 스마일〉을 보고는 느낌이 좋아 MBC 로비에서 실물을 보려고 한참을 기다렸다가 달랑 30초 지나가는 모습을 관찰하고 온 적도 있다.

아무리 시간이 걸리더라도 짧은 순간밖에 기회가 없더라도 나는 신인이든 연습생이든 지망생이든 눈여겨봤다가 동물적인 촉이 발동하면 바로 연결점을 찾아 관계를 시작하고 본다. 그때의 내 행동은 조심스럽지만 태도는 명확하다.

## 인지도는 중요하지 않다, 나의 촉을 믿을 뿐

2017년 나이키 우먼스 광고 촬영을 위해 개성 강한 인플루언서가 필요했다. 틀에 박힌 정형화된 사회 속에 순응하는 삶이 아닌 스스로 자기만의 인생을 개척하고 도전하며 당당하게 살아가는 여성들을 위한 메시지를 담을 수 있는 그런 인물을 찾는 게 과제였다. 그렇게 타투이스트 중에 괜찮은 사람이 있나 여기저기 조사를 하던 중 '엠버(EMBER)'라는 친구가 눈에 들어왔다.

타투이스트로서 인지도나 팔로워도 거의 없던 친구였지만 나는 일단 만나보고 싶은 생각에 지인을 수소문하여 그녀를 마주하게 되었다. 예상했던 대로 개성 있는 비주얼과 스타일이 유니크한 매력을 끌기에 충분했다. 나는 그녀에게 영감을 받기 위해 3시간 정도 그녀와 대화를 주고받았다. 나는 그녀에게 개성 있는 외모만큼, 아니 그 외모를 훨씬 뛰어넘는 매력적인 스토리가 있음을 발견하고는 마치 대어를 낚은 듯한 손맛을 느끼며 그녀의 인생사에 빠져들었다.

타투이스트 엠버는 여군이 꿈이었다는 이야기와 중학교 때 첫 타투를 시작하게 된 동기, 자신의 온몸에 그려진 타투 하나하나의 의미를 내게 차분히 들려주었다. 그 이야기들 모두 매력적이었지만, 유도에 빠져 전국 '도장 깨기(전국 유도 체육관 대표 선수들이 승자를 겨루는 대회)'에서 금메달을 수상한 경력이 있다는 이야기를 듣는 순간, 바로 내가 찾던 사람이다! 느낌이 강하게 왔다.

### 망설임 없던 그녀의 외침

나는 그녀를 우먼스 JDI(Justdoit) 캠페인에 출연시키기 위해서 몇 가지 계획을 세우기 시작했다. 가장 먼저 할 것은 나 스스로 그녀에 대한 확신과 신뢰를 갖는 것이었다.

곧바로 그녀의 작업실, 어떤 날은 집 앞까지 찾아가 많은 얘기를 나누며 혹시라도 과거에 사회적으로 문제가 있는 행동이나 사례가 있었는지 나이키 캠페인에 모델로 나왔을 때 브랜드 이미지를 하락시킬 수 있는 과거 경력이 있는지 그녀가 솔직하게 모든 것을 얘기할 수 있도록 기회를 만들려고 노력했다. 그녀가 마음을 열어야 솔직한 이야기가 나올 수 있었고 그것이 무엇보다 중요했다.

그녀에 대한 신뢰가 생겼을 때 나는 한 가지 제안을 했다.

"나는 너를 나이키 우먼스 모델로 추천할 예정이다. 될 수도 안 될 수도 있다. 물론 나는 될 수 있도록 최선을 다할 테지만, 너도 해줘야 할 일이 있다. 쉽지 않겠지만 다시 운동과 유도를 시작해라."

그녀는 당시 직업으로 타투를 시작하면서 운동을 아예 그만둔 상태였다. 그래서 나는 그녀에게 "운동을 다시 시작하고 체중을 조절해 근육 잡힌 아름다운 몸을 제대로 만들어라! 지금 바로 나와 약속을 해주면 나는 네가 갖고 있는 스토리와 이미지를 잘 만들어 나이키 모델을 통해 또 다른 기회를 만들 수 있도록 노력하겠다"라고 제안했다. 그녀는 한 치의 망설임도 없이 바로 "just do it!"을 외쳤다.

## 함께 성장해야만 관계를 유지할 수 있다

그렇게 우리의 인연은 시작되었고 그녀는 유도와 운동을 다시 시작했다. 운동을 시작하고 그녀는 나를 믿고 너무도 빠르게 변화되는 모습을 보여주며 따라와주었다.

그리고 당연하게도 계속해서 엠버는 나이키 글로벌 우먼스 모델뿐 아니라 'KOREA JDI' 캠페인 등 많은 활동에 참여하며 세상에 얼굴을 알리게 되었다. 이것이 가능했던 것은 그녀가 개성 있고 멋진 스타일의 타투이스트여서가 아니라 유도와 복싱까지 많은 스포츠를 섭렵하면서 쌓아놓은 진정성 있는 자신만의 스토리가 있었기에 때문이다.

무엇보다 그동안 중단했던 운동을 다시 시작하며 육체적, 정신적으로도 너무 건강해지고 그런 자신의 모습에 스스로 만족하며 더욱더 열정적으로 운동에 빠져드는 그녀의 모습이 정말 멋져 보였다. 지금 엠버는 본인의 이름으로 된 브랜드까지 론칭해 좌충우돌하며 이것저것 도전하는 중이다. 멋지게 도전하며 성장해나가는 모습을 보는 것도 나에겐 정말이지 큰 기쁨이다.

성장 가능성이 있는 진주 같은 셀럽을 찾는 것도 중요하지만, 그 사람의 마음을 어떻게 우리 브랜드로 끌어들이느냐 하는 것이 훨씬 중요하다. 셀럽이 계속 마음을 주고 셀럽의 마음을 홀릴 수 있는 노하우가 매우 필요한 것이다. 이것이 마케터로서, 커넥터로서의 핵심역량을 다 포함한다고 해도 과언이 아니다.

마케터이자 커넥터는 그들에게 실질적으로 도움을 줄 수 있어야 하고 그들의 마음을 사로잡아야 한다. 이해와 소통은 기본이되, 특별한 판을 짜려면 무조건 업무에 대한 경험과 스마트함까지 있어야 한다.

마음은 따뜻하게, 머리는 스마트하게! 기본 업무에 대한 똑똑함과 아이디어가 필수 조건으로 있어야 살아남을 수 있다. 그저 유명인들과의 인맥에만 의존하고 그들을 이용하는 관계는 곧 사라져버린다. 루키를 선점하는 것은 매우 중요하다. 그러나 성공한 그들과 계속 함께 가려면 몇 배 더 노력하며 같이 성장하는 길이 유일한 방법이다.

# 중요한 건 '인맥'이 아니다

## 인맥으로 살아남는 조직은 세상 어디에도 없다

나를 수박 겉핥기 식으로 아는 사람들이 생각 없이 하는 말들이 있다. 인맥이 좋아서, 인맥을 사용해서 일을 잘한다……. 이런 말을 들으면 그냥 '네네~' 하고 별 대응을 하지 않는다. 내가 마치 업무의 스킬보다는 인맥에 의존해서 일을 잘하는 것처럼 뉘앙스를 풍기며 비꼬듯이 말하는 사람들은 대부분 나에게 자격지심을 느끼는 경우가 대부분이었다. 하지만 나하고 한 번이라도 업무적으로 부딪혀서 일해본 사람이라면 어느 누구도 그런 말은 입 밖으로 내지 못할 것이다.

나이키라는 조직은 셀럽이나 특정한 사람들과의 좋은 인맥만으로 25년을 살아남을 만큼 허술한 회사도 아니며 그렇게 가만 두지도 않는다. 그리고 인맥에 의존하여 살아남기에는 이 바닥이 너무 냉정하고 의리가 없다. 모두 다 알다시피 우리가 살아가는 이 시대의 사회는 절대 호락호락하지 않다! 의리를 기대하는 건 말할 것도 없고!

오히려 소문 많고 말 많은 이쪽 생태계에서 오랜 관계를 지금까지 이어올 수 있었던 이유는 절대 인맥에 의존하지 않기 때문이다. 인맥에 의존하는 관계는 잠깐은 유지될 수 있으나 나의 일과 미래를 안전하게 지켜줄 수 없기 때문이다.

나는 처음부터 직접 전략을 리드하고 결과를 도출하는 브랜드 마케터이자 전략가다. 전략을 잘 세우고 브랜드와 사람을 잘 연결하여 좋은 결과를 만들어내고 사람의 마음을 움직이는 스킬까지 겸비해야 하는 커뮤니케이터이자 스페셜리스트다.

좋은 인맥이라고 나 혼자 착각하고 한두 번은 도움받을 수 있겠지만 결국은 마케터로서의 역량이 확실하게 받쳐주지 않으면 그 관계도 내 자리도 지킬 수 없다. 내가 좋아하는 일을 계속하고 싶다면 현재 내가 하고 있는 일에 스페셜리스트가 되어야 하고 계속 빠르게 변화하는 조직에 스펀지처럼 쭉쭉 스며들지 않으면 안 된다.

## “누구누구 알아요?” 참 없어 보인다

내가 주로 만나는 사람들은 셀럽이나 인플루언서 등 특수한 직업군에 있는 사람들이기 때문에 먹이사슬처럼 너무도 다양하고 복잡한 관계들로 뒤섞여 있다. 한 다리만 건너면 연결고리들이 어떻게든 다 엮여 있는 사람들. 보통 이쪽 업계 사람들이 처음 만날 때 습관처럼 하는 말들이 꼭 있다.

“○○○ 알아요?”, “그럼 알죠! 나 진짜 친한데……”, “또 누구 알아요?” 이런 식으로 빠르게 공감대와 교집합을 형성시키기 위해 연결고리를 찾아낸다. 이러다 보면 결국 본인들의 얘기가 아닌 제3자의 신상 털기로 마무리되면서 헤어지고 나면 어떤 아쉬움이 남기도 한다.

그런 건 아닌데 뒷담화를 한 것 같기도 하고 제3자의 비밀 폭로까지는 아니지만 ‘TMI(Too Much Information)’를 준 것 같은 찜찜함까지 보너스로 보태진다. 서로 배틀하듯이 어중간한 인맥 자랑을 늘어놓다 보면 어느새 내 주변에는 진정한 친구는커녕 영양가 없는 수다 죽이기에 모든 에너지가 방전됨을 느끼며 피곤함만이 밀려오게 된다. 나 역시도 예전에는 그런 의미 없는 관계들로 시간을 보낸 적도 있었다.

몇 년 전부터는 SNS에서만 커넥하고 있는 네크워크가 너무 많다. 친분이 있는 것도 아닌데 친한 척, 아는 척하며 온라인상에서만 존재하는 가상의 인맥이 너무도 판을 치고 있다. 내 주변의 후배들도 네트워킹이라는 걸 쌓고 싶다는 목적으로 패션 피플들과 유명인들이 참석하는 모든 행사에 기웃거리며 동반한 친구와 얘기하면서도 눈은 하이에나처럼 먹잇감을 스캔하고 있다. 얼굴이 알려진 유명인이 눈에 띄면 다짜고짜 카메라부터 들이대고 SNS에 포스팅을 하고 그런 영양가 없는 인맥 쌓기에 어떻게 저렇게 부지런하고 열정적일 수 있을까?

어중간한 인맥 자랑, SNS에만 존재하는 가상의 관계들. 브랜드 인플루언서 마케터로서는 절대 해서는 안 되는, 없어 보이는 행동 수칙 중에 하나임을 명심하자.

## 셀럽과의 관계는 명쾌하고 투명하게 하라

엔터테인먼트 마케팅에서는 더욱 정직하고 일관성 있는 관계가 중요하다. 업무와 상관없이 개인적인 자리에서도 셀럽과 얼마든지 어울리고 좋은 관계를 유지할 수 있지만 공과 사를 구분하기가 아주 어려운 경계선상에 있는 사람들이라 늘 긴장을 놓지 말아야 하는 것이 우리 같은 업을 가진 사람들에겐 정말 중요하다.

브랜드라는 명함을 가지고 마치 오너 같은 마인드로 어깨의 '뽕빨'을 달고 본인의 이익을 위해 남용하거나 그 이상의 관계를 맺거나 거짓된 관계를 가져서는 안 된다. 오픈되거나 업무 자리가 아닌 술집이나 지인 모임에서 우연히 셀럽을 마주하는 경우도 있지만 절대 그 관계를 회사까지 연결시켜 개인적인 약속을 하거나 위배되는 행동을 해서는 안 된다.

실제로 공과 사를 구분하지 못하고 정직하지 못한 행동으로 회사에서 강제 퇴사를 당하는 경우를 종종 보기도 한다. 나 역시도 수많은 셀럽들과 오랜 시간 일해왔고 지금도 일하고 있지만 도움을 줄 수 있는 것은 확실하게 주고 안 되는 건 안 된다고 이해시킨다. 나의 감정이 아닌 회사의 가이드에 따른 일관성 있는 태도를 유지함으로써 오해를 안 만드는 것이 중요하다.

긴 시간 동안 셀럽과의 인맥을 유지하거나 좋은 친구로 지낸다는 건 내가 성격이 좋다거나 의리가 있어서가 아니다. 내가 좋아하는 사람들과 그 관계를 이어나가기 위해서는 나 자신이 브랜드 마케터로서 성장하고 확고하게 자리매김하기 위해 피나는 노력을 해야 한다는 뜻이고 회사 내에서 내 입지와 자리를 굳건히 해야만 가능한 일이다.

변화하고 또 변화하고 흐름에 뒤처지지 않는 전략가가 되는 것이 필수 조건이다. 나에게 인맥이란 이런 것이다. 최소한 나의 25년은 치열하게 그러했다.

팀워크

# 진정한 리더는 팀플레이에서 출발한다

## 팀워크는 오픈 마인드에서 출발

혼자서 할 수 있는 일만큼 쉬운 일은 없다. 그리고 직위가 올라가고 책임 있는 직분을 맡게 될수록 회사로부터 그 리더십은 더욱 평가를 받게 된다. 나이키 경우만 해도 리더십 매니지먼트 레벨로 올라가게 되면 인사 고과 평가 기준의 50퍼센트는 직무 관련 업무에서, 실적 50퍼센트는 '피플 매니지먼트 스킬'로 결정지어진다.

그만큼 리더가 될수록 업무에 대한 결과만이 아닌 팀을 어떻게 리드하고 팀원을 어떻게 발전시키는지가 더욱 중요해진다. 그리고 팀원, 상사, 다른 팀들과 혹은 외부 파트너사들과도 얼마나 협업하며 소통하고 '인터그레이션(통합)'을 잘했는지에 대한 360도 평가도 매우 중요하게 작용한다.

언제부터인가 우리는 팀플레이, 팀워크, 인터그레이션이라는 말을 귀가 닳도록 듣고 살며, 어떤 조직에 속해 있다면 개발 부서나 특정 부서가 아닌 이상 늘 누군가와 함께 일할 것이다. 그런 만큼 팀플레이에 적합하거나 팀에 쓸모 있는 인간이 되지 않으면 우리의 자리는 항상 위협받을 것이다.

팀플레이의 기본 조건은 바로 오픈 마인드! 오픈 커뮤니케이션! 이 두 가지가 가장 중요하다. 각자 역할이 다르고 생각이 다른 많은 사람들이 모여 일을 하는 만큼 입장 차이도 매우 다르고 개인별 역량 차이 또한 크다. 오픈된 커뮤니케이션을 하지 않으면 서로 오해하거나 일을 더디게 만들 수 있다.

### 자극과 조율은 조직의 바탕이 되어야 한다

간혹 어떤 사람은 문제가 생겼는데도 뒤에서 해결하고 무마하려는 사람들이 있다. 그런 사람이 많을수록 조직은 병들어갈 수밖에 없다. 어떤 문제가 생기면 공개적으로 이슈화하고 다 함께 오픈해서 의견을 주고받아야 한다. 문제점에 대해서는 반드시 지적하는 것이 매우 중요하다. 이때 더욱 명심할 것은 해결 방법도 함께 제시해야 하는 것이다.

언쟁을 피하거나 두려워할 필요도 없다. 어떤 미팅에서 의견을 말하지 않은 사람이 있다면 그 사람이 이야기할 수 있도록 의견을 꼭 구하는 것도 중요하다. 팀플레이에서는 정답도 오답도 없다. 어차피 결정은 최종 결정권자의 몫이므로 팀원들은 각자 저마다의 생각과 아이디어들을 서슴없이 토론하는 것이 중요하다. 그리고 이런 참여는 매우 가치 있다.

회사는 모든 일이 많은 팀들과 통합되어 돌아가기 때문에 조직도 많고 역할도 많으며 논의해야 할 주제와 의견, 미팅이 무지하게 많은 조직이다. 그리고 미팅 때마다 직원끼리 위아래 할 것 없이 본인의 의견을 쏟아내며 열띤 토의를 하기 때문에 그게 마치 언쟁으로 비쳐질 때도 있다. 그러나 회의 후엔 뒤끝이 없으며 토론 자리가 뜨거운 만큼 결과물도 매우 뜨겁고 열렬하다. 나는 이 끊임없는 오픈 마인드와 커뮤니케이션을 할 수 있도록 자극하고 조율하는 이 과정들이 회사를 더욱 성장시키는 원동력이자 직원들에게는 개인의 역량을 높일 수 있는 기회라고 생각한다. 이런 사실을 나는 나이키를 떠나고서야 알게 되었다.

## 팀메이트를 만드는 습관을 들이자

나는 학창 시절부터 발표는커녕 수줍어서 질문도 못 하는 아이였다. 여러 명의 친구들과 어울리는 것보다는 삼삼오오가 더 좋았고 조별 과제에서도 존재감 제로인 나는 남들과 무엇을 해야 한다는 것 자체가 너무 큰 불안이고 도전이었다.

이런 내가 직장에서 살아남기 위해서는 남들보다 몇 배의 노력과 연습이 필요했다. 쓸모 있는 인간이 되지 않으면 병풍처럼 될 수밖에 없고 무시당할 수밖에 없다는 걸 뼈저리게 깨달았기 때문에 혹시라도 나같이 소심한 근본을 가졌음에도 불구하고 어쩔 수 없이 적극적으로 팀을 이루며 살아야 할 사람들이 있다면 지금부터 혼자 할 수 있는 일도 옆 사람과 일상적으로 논의하고 팀메이트를 만드는 습관을 가져보라고 조언하고 싶다.

내가 하는 일을 동료에게 자연스레 알리고 동료가 하는 일도 관심 있게 이해하고 같이 할 수 있는 일이 있는지 함께 생각해보는 것도 도움이 된다. 그렇게 하나둘씩 포섭해가며 팀메이트를 만들다 보면 상대 부서의 일을 좀 더 이해하고 그 안에서 자신의 일을 더 폭넓고 깊이 있는 전략으로 만들 수 있다. 최소한 미팅에 들어가서 다른 팀의 업무에 대한 배려와 인식 없이 본인 위주로만 말하며 남의 다리 긁는 무식한 소리는 하지 않을 것이다.

### 협업의 시너지는 크다

항상 마음을 먼저 열고 동료를 기꺼이 돕고 팀을 위해 일하는 것은 아주 중요하다. 그렇게 자신의 캐릭터를 잡아가다 보면 자연스레 사람들이 일을 하거나 논의하고 싶을 때 당신을 분명 찾게 될 것이다. 그렇게 서로 공유하다 보면 소통의 힘, 업무를 바라보는 역량, 사람들과 커넥트하며 시너지효과를 낼 수 있는 전략과 기회 창출 등을 반드시 보상으로 받을 수 있을 것이다.

그 보상은 자신의 말에 강한 힘과 신뢰가 생길 수 있다는 것이며 하나둘씩 자기편이 늘어간다는 의미이기도 하다. 회사에서 자신의 플랜과 프레젠테이션에 조력자 같은 팀메이트가 있다는 건 매우 든든한 일이다. 자신을 지지해주는 동료와 눈을 마주치며 프레젠테이션을 할 수 있다는 건 기쁜 일이다.

오픈 마인드, 오픈 커뮤니케이션이 습관처럼 익숙해지면 클리어한 메시지, 디렉션을 줄 수 있는 유능한 보스가 되어 있을지도 모른다. 요즘은 그런 리더와 보스가 절실하게 필요한 때이고 나 역시 그런 존재가 되고 싶다. 어떤 예상치 못한 위기 속에서도 정직하게 분명하고 명쾌한 '디렉션'을 줄 수 있는 대체 불가능한 최고의 리더십을 가진 존재이고 싶다.

팀들과 함께 일하고 생각하고 브랜드의 방향성을 확실하게 정하고 목표를 향해 나아가는 것, 그 안에서 협업하며 좋은 결과를 내고 리더십을 발휘하는 것, 그건 내가 단지 여러 명의 스타들과 좋은 관계를 유지하고 있는 것보다 브랜드 내에서 훨씬 더 나의 입지를 확실하게 구축할 수 있는 힘이라는 걸 나는 이미 오래전에 깨달았다.

# 4장

# 'JUST DO IT'은 계속된다

# '나이키'라는 타이틀을 벗어버리다

### 25년간 내 짐은 쇼핑백 하나뿐

많은 사람들의 사랑을 받는 세계적인 유명 브랜드에서 25년간 하루도 빠짐없이 몸담고 있었다. 그런 곳을 떠난다는 건 나에게 큰 결심을 필요로 했다. 이 선택이 맞을까? 나에게 또 다른 기회가 과연 있을까? 아무도 나를 찾아주지 않으면 어떨까? 막상 내일부터 출근하지 않는다면 내가 이 공허감과 외로움을 견딜 수 있을까? 이렇게 좋은 회사, 높은 직함, '나이키=이영미'라는 명함 없이 나는 이 현실을 받아들이며 살 수 있을까?

선택의 기로에 서서 많은 고민이 들 수밖에 없었다. 이제 사람들은 나를 뭐라고 부를까? 25년 동안 이름 앞에 붙어 있던 수식어가 없어진다는 건 정말 큰 두려움과 불안감의 원천이 될 수도 있었다. 아니 일단 다 떠나서 내가 멘탈이 강하다고 하지만 난생 처음 겪는 백수 생활에 정신적, 육체적으로 현실에 적응할 수 있을까가 무엇보다 궁금했다. 사실 이런 생각과 고민들은 회사를 다니는 내내 해왔다. 하지만 어떤 회사도 나의 미래를 온전하게 끝까지 지켜주지 못한다는 걸 당연하다고 생각하면서도 늘 바쁘게 돌아가는 업무로 안일하게 시간이 흐르고 또 흘렀던 것 같다.

그러나 나는 2018년 8월, 어떤 갈등도 고민도 후회도 없이 회사를 박차고 나오기로 빠르고 단호하게 결정했다. 언젠가 퇴사하게 되면 정말 쇼핑백 하나만 들고 가볍게 나와야지! 그런 생각을 무의식적으로 늘 해왔던 터라 평소에도 거의 짐이 없기도 했지만 진짜로 짐을 싸려고 보니 볼펜 한 자루도 내 것은 정말 아무것도 없었다.

마지막 순간 갖고 나오고 싶었던 건 달랑 명함 몇 장과 내 이름이 각인된 데스크 명판뿐이었다. 그동안 나는 내 것이 아닌 회사의 시스템 서포트에 의존하며 열심히 성실하게 일했던 장기근속 근로자였을 뿐 그 이상도 이하도 아니었다. 비록 내가 가지고 나온 건 고작 쇼핑백 한 개였지만, 그동안의 수많은 노하우와 값진 경험들은 내 머리와 가슴에 고스란히 저장되어 나를 또 다른 곳으로 이끌고 갈 것이라는 확신이 있었다.

## 가장 좋은 타이밍에 떠난다

예고도 없이 내가 갑자기 퇴사를 결정하자 회사 내외부적으로 믿기지 않는다며 무슨 일이냐고 의문을 품기 시작하고 각종 루머들이 돌기 시작했다. 정치 싸움이니, 윗사람한테 밉보여서 계획적으로 쫓아내기 위한 시나리오가 있었느니……. 흔히 있는 그런 소문들이었다. 그도 그럴 것이 내가 리드하고 있던 인플루언서 마케팅이 글로벌 서포트도 많이 받고, 임원으로 승진까지 되고 예산도 팍팍 밀어주는 막강한 팀으로 하이라이트를 받고 있는 상태에서 갑작스레 퇴사를 선언했으니 많은 추측성 소문들이 나는 것도 당연한 일이었다.

내가 퇴사를 결심한 것은 나 자신을 위해서도 브랜드를 위해서도 가장 좋은 타이밍이라고 생각했기 때문이다. 나이키는 수없이 변화하고 끊임없는 도전을 필요로 하는 강력한 회사다. 인플루언서 마케팅팀은 그 중심에서 가장 큰 변화를 마주한 부서였다. 좋은 변화든 나쁜 변화든 그 과정에는 시행착오가 있기 마련이고 상당 부분 도전에 맞닥뜨릴 수밖에 없다. 그 과정을 잘 견뎌내면 팀은 물론이고 팀원들은 회사 내에서 견고하게 입지를 다질 수 있다는 장점도 있다.

나 역시 수없이 이런 변화를 겪었고 버텨왔다. 물론 그 새로운 변화를 앞두고 그때까지 해왔던 것처럼 한 배에 몸을 맡겨 나의 팀과 나의 자리를 확고하게 자리 잡는 것이 의미 있고 가치 있는 일일 수도 있었다. 그리고 한편으로는 내가 당연히 해야 할 몫이기도 했다.

그러나 나는 이제 그 자리를 후배들이 이어받는 것이 맞다고 생각했다. 새로운 변화의 소용돌이 속에 내가 어설프게 끼여서 시작하는 것보다는 조금 어렵더라도 후배들이 지금부터 해나가는 게 맞다고, 시스템이 바뀌고 세월이 흘러도 사람이 변하지 않으면 안전하게 가는 것처럼 보이지만 그 안전함보다는 어떤 식으로든 크게 바뀌는 것이 이제는 더 맞다고 생각했다.

사실 새로운 전략과 시스템, 많은 플랫폼의 툴들이 바뀌면서 오리건 본사에서 그것들을 교육 받는 글로벌 서미트 출장(글로벌 인플루언서 마케팅 리더들이 한자리에 모인다)이 잡혀 있었다. 솔직히 마지막 해외 출장이라 생각하고 대충 즐기면서 중요한 자료들만 교육 받고 퇴사하는 것도 분명 도움이 될 것 같다는 유혹이 들기도 했지만, 이미 퇴사를 결심하고 타이밍을 보고 있던 터라 그 결심을 숨긴 채 출장을 가는 것을 내 양심은 허락하지 않았다. 결국 출장 3일 전 퇴사를 알리고 출장을 가지 않겠다고 청천벽력같이 회사에 뒤통수를 날렸다.

## 호기심과 도전 정신으로 부딪친 메간 헤스 아이코닉전

"영미, 너의 퇴사는 나의 행운이야!"

회사에 퇴사 결심을 통보하고 남은 기간 주변을 정리하는 데 시간을 쏟았다. 일에 대한 것은 물론이고 사람들에 대해서도 정리가 필요했다. 보고 가야 할 사람들, 만나고 싶었던 사람들, 나이키 직원으로서 마지막 인사를 나누어야 할 사람들을 챙기며 잘 마무리해야겠다는 생각으로 바쁜 하루하루를 보냈다.

그러던 중 15년 동안 알고 지낸 지인으로부터 연락이 왔다. 해외 유명 전시를 기획 감독하는 일을 하는 사람이라 나는 퇴사 사실부터 다짜고짜 이실직고했다.

"나 다음 달에 회사 그만둬!"

혹시 전시와 관련한 협찬 제안일 수도 있을 것 같아 내 딴에는 선수를 친 것이었다. 그런데 그의 반응은 예상외였다. 마치 나의 퇴사를 너무도 기다렸듯이 반가워하며 "잘됐네!" 하는 게 아닌가. 그에 덧붙여 그동안 일하느라 고생했다며 당장 밥을 살 테니 나오라고 했다.

그렇게 얼떨결에 불려나간 자리에서 우리 둘은 모처럼 그간의 근황을 가볍게 주고받으며 점심을 먹었다. 식사가 거의 끝나갈 무렵, 그가 갑자기 노트북을 켜더니 내 앞으로 내밀었다.

노트북에는 '메간 헤스 아이코닉전 기획서'라는 제목의 보고서가 띄워져 있었다. 그는 세계에서 가장 유명한 패션 일러스트 작가 메간 헤스의 아시아 투어 전시를 기획 중이라며 내게 전시에 대해 한참 설명을 늘어놓기 시작했다.

"영미, 네가 나이키를 그만둔 건 나한테 엄청난 행운이야!"

그렇게 말하면서 내게 메간 헤스 전시를 꼭 같이 해보자고 제안했다. 그는 이름만 들어도 알 만한 마이클 라우, 데이비드 라샤펠, 미스터 브레인워시, 오드리 햅번 등 해외 유명 전시를 총괄 기획·연출을 했던 최요한 감독으로 이미 업계에서는 최고의 전시 기획자이자 연출자로 유명한 사람이었다. 그저 한 직장에서 열심히 일만 했지 다른 일이라곤 경험도 없는 나에게 그는 무엇을 기대했는지 '메간 헤스 아이코닉전' 아시아투어 총괄 마케팅 디렉팅을 맡아달라는 무모한 제안을 해왔다.

### 사직서에 잉크도 마르기 전에 일을 저지르다

메간 헤스는 미국의 유명 베스트셀러 작가인 캔디스 부시넬의 책《섹스 앤 더 시티》의 배경 삽화로 유명한 세계적인 패션 일러스트 작가다. 전 세계 여성들이 빠져들었던 유명한 미국 드라마〈섹스 앤 더 시티〉의 원작으로 메간은 그 성공에 힘입어 샤넬, 루이비통, 구찌, 까르띠에, 지방시, 티파니 등 셀 수 없을 정도로 많은 럭셔리 브랜드와 협업하였고《코코 샤넬》,《더 드레스》등 일러스트 북은 출간할 때마다 전 세계적인 베스트셀러가 되기도 했다.

우리나라에도 잘 알려진 세계적인 일러스트 작가의 첫 번째 대형 전시를 기획하는 프로젝트를 맡게 되다니 나는 한동안 머릿속이 멍했다. 사직서에 잉크도 마르기 전에 메간 헤스 디렉팅을 결정하게 된 것은 그녀의 유명세 때문도, 그녀의 팬이어서도 아니었다. 100퍼센트 호기심과 그동안 경험해보지 않은 새로운 일에 대한 도전 때문이었다. 회사를 그만두면서 가장 중요하게 생각했던 부분은 지금까지 해왔던 익숙한 일이 아닌 다른 일을 해보고 싶다는 마음이었다.

그때 나는 마치 홀리듯 이 일이 내가 꼭 해야만 하는 운명처럼 느껴졌다. 무엇보다 그녀의 작품 속에서 볼 수 있는 뉴욕과 파리의 화려한 패션 피플과 럭셔리 브랜드, 그 세련된 색감과 디테일한 그림체는 마치〈섹스 앤 더 시티〉의 주인공처럼 내 상상의 나래를 펼치기에 충분했다.

나는 그렇게 퇴직과 동시에 '나이키 이영미'라는 명함을 떼고 전시 기획이라는 새로운 일을 시작하게 되었다. 솔직히 새로운 일에 대한 도전이라고 생각하면서도 그동안 경력이 몇 년인데 충분히 잘할 수 있을 것이라는 근거 없는 막연한 자신감이 있었던 것도 사실이었다. 그렇게 오래 다니던 회사를 그만두고 느끼게 되는 상실감, 허탈함, 외로움을 느낄 여유도 없이 또 다른 사회라는 전쟁터로 나는 용감하게 뛰어들었다.

## 초심으로 돌아가 봉투에 풀칠을 하며 기다린 시간

낯선 사람들과 팀을 꾸리고 그들을 리드해나간다는 건 생각보다 너무 어려운 일이었다. 체계적인 프로세스와 시스템은 물론 내 책상조차 없는 사무실에서 빈자리를 찾아다니며 일해야 했다. 미팅 가능한 회의실은커녕 커피 한잔 내려 마실 수도 없는 그런 하루하루를 지내면서 또 다른 나를 계속 발견하곤 했다.

그동안 잘했다고 생각했던 강점들이 스스로 의심되기 시작했고 부족한 것들이 느껴졌다. 어려운 일이 아닌데도 일을 원활하게 처리하지 못하는 스스로를 보면서 내가 원래 이런 사람이었나 하는 충격을 받기도 했다. 한 직장에서 긴 세월을 단련하고 달려오다 잠깐의 휴식도 없이 바로 다른 일을 하게 되면서 겪는 자연스러운 과도기인가 싶은 생각도 들었지만 나 자신의 삐걱거림과 부족함이 익숙하지 않아 스스로 당황하는 날들이 많았다.

하지만 방법은 단 하나였다. 지나간 것은 모두 잊고 지금의 모든 것을 받아들이고 처음부터 다시 시작하는 마음을 갖는 것이었다. 그러자고 인생 챕터 2를 쓰기로 한 것 아니었나? 그래서 멋지게 퇴사를 결정한 것 아니었나? 나는 퇴사 때의 다짐을 되새겼다. 초심을 다잡자 빠르게 업무에 적응해가기 시작했다.

새로운 일을 하면서도 관계를 되돌아볼 수 있는 순간들이 생겨났다. VIP 티켓을 발송할 지인들의 리스트를 정리하면서 이 사람에게는 편히 발송하고 저 사람에게는 한 번 더 생각해보고 발송하고……. 리스트를 정리하는 시간은 내게 매우 의미 있는 시간이 되었다.

관계란 참 쉽지만은 않은 게 사실이다. 하지만 사람이 살아가면서 일상에서도 사회에서도 절대 빼놓을 수 없는 가장 중요한 핵심이라고 생각한다. 앞으로 새로운 도전을 해나가면서 상상하지 못할 일들과 관계를 만나게 되겠지만 지금까지 그래 왔던 것처럼 진정성 있는 마음으로 신뢰를 쌓아가고 싶다.

퇴사 후 맡은 첫 전시, 사랑하는 딸과 조카와 일상적인 수다를 떨며 수천 장의 티켓 봉투 풀칠 작업을 함께했다. 그 시간들은 떨렸지만 내겐 너무 즐겁고 벅찬 시간이기도 했다.

이토록 떨리는 순간이 다시 오다니

전시가 시작되기 전까지 하루 24시간이 모자랄 정도로 일에 몰두했다. 전시 레이아웃과 연출을 위해 전문가들과 함께 고민하고 효과적인 마케팅 커뮤니케이션을 위해 프로모션 툴을 찾았다. 파트너십을 구축하고 스스로도 많이 공부할 수 있었던 기획이었다.

패션 아트에 관심이 없던 나는 300여 점이 넘는 메간 헤스의 작품을 이해하고 패션을 대하는 그녀의 철학을 깊이 들여다보며 그 메시지들을 잘 전달하기 위해 끊임없이 공부했다. 그 열중의 시간들은 내게 너무나 새롭고 가슴 뛰는 순간이었다.

2018년 10월 16일, '메간 헤스 아이코닉전'이 릴리즈되는 첫날, 전시장 입구 크래딧에 스태프로 당당히 선두에 올라가 있는 내 이름 석 자를 발견하는 순간, 정말 오랜만에 자랑스럽다는 생각을 했다. 아니, 누군가에게 자랑하고 싶다는 유치한 생각이 든 것은 처음이었다. 언제부터인가 나이키에서 근무하는 동안 잘하는 건 나에게 너무도 당연한 일이었다. 특별할 것이 없는 공기처럼 자연스러운 것이었다. 그런데 이번 전시는 달랐다. 내가 새로운 일에 도전해서 일구어낸 전시라는 생각에 가슴이 벅찼다.

릴리즈 첫날이라 미디어 관계자를 초청한 VIP 행사(공식 오픈 전에 미디어, 연예인, 브랜드 담당자 등 관련 업계 VIP를 초청하여 알리는 중요한 행사)와 메간 헤스의 전시장 방문도 계획되어 있었다. 회사를 떠나서 하는 첫 프로젝트였기에 나는 매우 긴장해 있었지만 다행히 너무도 많은 셀럽과 인플루언서들이 방문해주었다. 그들의 축하와 응원에 더불어 SNS 홍보까지 보태져 '메간 헤스 아이코닉전'은 일명 인스타 성지라고 할 정도로 매우 핫한 패션 아트 전시로 자리매김하게 되었다.

## 바스키아와 뱅크시를 만날 때까지 도전은 계속된다

'메간 헤스 아이코닉전'은 2019년 4월 서울숲 갤러리아포레에서 마침표를 찍을 때까지 순조롭게 성공적인 전시를 이어갔다. 전시 기간 내내 배우 박신혜, 모델 아이린, 블랙핑크 제니, 배우 우도환, 다이나믹 듀오, 이기광, 박지성 선수, 박태환 선수 외에도 수많은 모델과 아티스트, 디자이너 등 많은 지인들이 찾아왔고 새로운 일을 시작하는 나에게 큰 힘과 격려를 해주었다.

의리 있는 많은 지인들의 도움으로 내가 마케팅 디렉팅을 한 첫 기획전은 전시 업계에서 가장 인플루언서 마케팅이 잘된 사례로 입소문이 빠르게 나기 시작했다. 그 덕분에 그 이후로 몇 군데의 대형 전시, 공연 쪽 기획사로부터 파트너십 요청을 지속적으로 받고 있다. 아직은 메간 헤스 이후 하고 싶은 매력적인 전시를 만나지 못했지만 기회가 된다면 바스키아나 뱅크시 같은 힙한 작가의 전시 마케팅을 꼭 한 번 해보고 싶다.

이번 전시로 인해 좋은 사람들을 많이 알게 되었고 처음으로 나이키라는 이름표를 떼고 만난 소중한 지인들이 하나둘씩 생겨났다. 뜻하지 않게 디렉팅하게 된 대형 기획이 내게 또 다른 기회를 열어준 셈이다. 이 기회를 통해 현재도 새로운 비즈니스 모델을 창출해나가고 있다.

메간 헤스 전시를 계기로 공간 디자이너 심은진 작가(전 베이비복스 멤버 겸 배우), 《사쿤의 인간 관찰지》로 유명한 쿤 작가를 비롯하여 홍보 전문가, 포토그래퍼, 음향감독 등 각 분야에서 강력한 맨 파워를 보여주는 이들과 또 하나의 크루를 만들어 전시와 공연 정보 등을 나누고 있다. 밥도 먹고 술자리도 가지며 좋은 콘텐츠를 만들어가기 위해 서로 친분도 돈독히 쌓아가는 중이다. 이렇게 같이 놀면서 필요한 역량을 서로 품앗이하며 기회를 만들어간다는 것은 참 기분 좋은 일이고 매우 멋진 일이다.

# 다시 처음부터

## 내가 일을 고르는 기준

회사를 그만두고 인플루언서 마케팅, 전시, 공연 관련 마케팅, 반려동물 비즈니스, 화장품, 커피 사업까지 지인들을 통해 다양한 제안을 받았다. 마케팅 디렉터부터 스타트업 CEO, 홍보 회사 투자까지 얘기가 나왔지만 그 어떤 것도 쉽게 결정할 수가 없었다.

이유를 굳이 찾는다면 찾을 수야 있겠지만 그것보다도 나는 일을 선택하는 중요한 기준이 있다. 가장 확실한 기준은 내가 소중하게 생각하는 사람들과의 관계가 희석되거나 에너지가 소진되는 일은 절대 하지 않는다는 것이다.

나의 전문적인 마케팅 역량이 아닌 셀럽, 인플루언서 등 다양한 인맥만을 활용하고 싶어 하는 프로젝트 또한 하지 않는 일 가운데 하나다. 눈앞에 보이는 이익만을 위해 아니면 나의 네트워크만을 이용하려는 일은 사절이다. 내가 성장하지 못하는 일은 하고 싶지 않다.

메간 헤스 전시에 인플루언서 마케팅을 통한 바이럴 효과가 큰 성과를 이루면서 여러 대형 전시기획사에서 연락이 왔다. 지금 하고 있는 전시가 콘텐츠는 좋은데 입소문이 나지 않아 모객이 너무 안 되니 유명 셀럽을 초청해서 홍행할 수 있도록 도움을 줄 수 있느냐는 요청이었다. 전시 자체는 매력적이고 콘텐츠가 좋았지만 한 번에 거절했다. 나는 셀럽을 통한 이익 추구를 목적으로 일하는 사람이 아닌지라 다음에 좋은 전시가 있을 때 기획 시점부터 포괄적인 마케팅 디렉팅의 기회가 있다면 연락을 달라고 하고 일단락했다.

많은 사람들과 진정성 있는 좋은 관계를 유지하면서 살기 바라기 때문에 그 관계에 의존하는 일이 아닌 나의 역량을 제대로 발휘할 수 있는 나만의 일을 확고히 해나가며 그들에게 도움을 주고 더불어 공존하고 싶다. 그것이 내가 초심으로 돌아가 일을 다시 시작하려는 이유이기에 그렇다.

또다시 Just do it!

2019년 8월 퇴사한 지 1년 만에 새로운 브랜드 론칭에 조인하게 되었다. 그때 당시 커피 관련 스타트업 CEO 자리를 제안받아 이런저런 조건들을 마지막으로 조율하고 있는 동안 평소 잘 알고 지내던 지인들이 아날로그한 감성과 레트로를 콘셉트로 한 새로운 브랜드를 준비하고 있다는 소식을 들었고 반가운 마음에 오랜만에 점심을 먹게 되었다. 그들은 미국 정통 필름 카메라 회사 '코닥'에서 한국을 스타트로 본격적인 패션 비즈니스를 위해 코닥어패럴 런칭을 준비하고 있다고 얘기했다.

대화를 나누던 중 "같이 시작해보실래요?"라는 제안을 받았고 그 자리에서 바로 "재밌겠네요!"라고 외쳤다. 패션 브랜드 론칭 멤버라 함은 일명 옷 장사를 시작한다는 것으로 정말 갈 길이 멀고 먼, 고생길에 접어든다는 의미다. 스타트업이니 지원이나 상황이 안 좋은 것은 당연하고, 무에서 유를 창출해내야 하는 치열한 경쟁의 불길 속으로 뛰어들 각오가 되어야 한다는 의미이기도 했다.

그럼에도 불구하고 나에겐 어렵지 않은 결정이었다. 나는 여전히 '첫', '맨 처음'이라는 것에 짜릿함을 느끼고 지금까지 거침없이 새로운 것들을 개척하고 끊임없이 만들어왔으며 그 고통을 무한으로 즐기는 인간이니까.

새로운 도전을 하기 전 나이키 퇴사 다음 날부터 하루도 빠짐없이 기록한 퇴사 일기를 처음부터 다시 읽어봤다(퇴사 1일 차부터 나의 정신적, 육체적 변화 그리고 내 주변 사람들에 대해 느낀 점, 변해가는 상황에 대해 일일이 기록한 일기). 나 스스로에게 '앞으로 어떤 일을 하면 좋을까?', '무얼 하면 좋을까?'라는 질문을 수없이 던졌고 답은 늘 똑같았다. 언제 어디서든 얽매이지 않고 나답게 행동하고 내가 원하는 일을 하는 것. 좋은 파트너와 협력하고 내가 그동안 갖고 있는 역량을 공유하고 그로 인한 시너지를 발휘할 수 있는 그리고 나를 필요로 하는 곳에서 다양한 일을 하고 싶다고…….

나는 그렇게 또다시 "Just do it!"을 외치고 말았다.

## 초심으로 10년을 다시 쓰다

신규 브랜드 론칭을 준비하면서 25년 전 회사에 입사했을 때 품었던 초심으로 돌아간 기분이었다. 거래처를 뚫어 박스랑 쇼핑백도 손수 만들고 인스타그램을 보다가 우리랑 맞는 괜찮은 콘텐츠가 눈에 걸리면 바로 SNS 메시지든 이메일이든 미팅을 주선하고 얻고자 하는 바를 내 나름의 방식대로 취했다. 검색을 하다가 무언가 느낌이 오는 장소나 사람이 눈에 띄면 즉시 사무실을 박차고 보러 나갔다. 어떤 날은 진정성과 내공은 전혀 없어 보이는데 마치 고귀한 장인 코스프레를 하는 사람을 상대할 때도 있었고 면접 당일에 나타나지 않고 연락 두절되는 면접자에게 굴욕을 당할 때도 있었다.

그러나 모든 것을 스스로, 나 혼자 힘으로 만들어나간다는 것! 내가 직접 팀을 꾸리고 비주얼 콘텐츠를 만들고 마케팅 방향을 세우고 기획부터 실무까지 팀들과 리드하며 현장에서 치열하게 살아가는 이 순간이 나쁘지 않다. 하루하루가 절대 녹록지 않지만 이마저도 좋고 또 가슴 뛴다.

정해인

# 새롭게 시작되는 관계들

## 6개월을 기다린 끝에 만난 신인배우

2020년 8월 어느 날 태안 바닷가에서 일몰을 보게 되었다. 갑자기 찾아온 폭염으로 한낮에는 죽을 듯이 더웠는데, 너무도 아름다운 일몰을 보고 있으려니 모든 것이 다 잊혀져가는 것 같았다. 옆에는 박효신의 감미로운 노래가 계속해서 흘러나오고, 정해인 배우는 마냥 밝지만은 않은 절제된 부드러운 미소로 계속 움직이며 촬영을 하고 있었다.

모든 것이 완벽했다. 아름다운 해 질 녘 서해 바다도, 앵글에 담기는 정해인의 동작 하나하나까지도 내 마음을 움직이기에 충분했다.

정해인 배우를 처음 본 건 2016년 SBS에서 방영한 가족 드라마 〈그래, 그런 거야〉에서 김해숙 선생님의 막내아들로 나왔을 때였다. 당시 스치듯 보았는데도 강력한 '필'이 꽂혔다. 신인이지만 느낌이 좋았고 신선했다. 브랜드와 관계를 가져가면 좋은 시너지 효과가 있을 것 같은 생각에 레이더를 돌려 수소문하기 시작했다.

그 당시 드라마에 함께 나왔던 배우들, 스타일리스트, 매니저 등에 연락해 연결은 되었지만 바로 만날 수는 없었다. 그를 만나게 된 건 처음 내 레이더망이 가동되고도 6개월이나 지난 후였다. 첫 만남이 있던 날, 나는 홍대에서 나이키 팝업스토어를 진행하고 있었다. 정해인은 고맙게도 그곳까지 와주었고 살짝 낯을 가리는 듯했지만, 우리는 어느새 이런저런 얘기들을 편하게 주고받았다. 그는 매우 밝고 예의 바르면서도 직설적으로 얘기할 때는 가감 없이 표현하는 친구였다. 그의 팔색조 같은 매력에 나는 첫 만남부터 확신했다. '앞으로 배우로서 잘 성장하고 조만간 한 방이 오겠구나!' 하는.

정해인은 헤어지기 직전 "누나! 저랑 같이 사진 찍어요!" 하며 바로 핸드폰을 셀카 모드로 돌리고 훅 들어왔다. '누나'라니! 내가 6개월 전부터 본인을 만나기 위해 여기저기 수소문했다는 걸 알고 있었기에 내가 도움을 요청했던 사람들에게 우리가 드디어 만났다는 인증샷을 날리기 위함이었다. 그 모습이 너무도 귀여웠다. 그는 여기저기서 누나가 자기를 찾았다는 얘기를 들었다며 쑥스러운 웃음을 지었다. 우리는 첫 만남 이후 계속 좋은 관계를 꾸준하게 이어갔다.

### 흔치 않은, 한결같은 톱스타

내 예상대로 2년 뒤 그는 <밥 잘 사주는 예쁜 누나>라는 인생작을 만나면서 일명 톱스타로 자리매김하게 되었다.

그는 신인 때와는 180도 바뀐 스타의 자리에 올랐음에도 불구하고 나이키 행사라면 단 10분이라도 얼굴을 보여주기 위해 참석하는 끈끈한 의리로 나에게 큰 힘을 실어주었다.

브랜드 행사에 아무 조건 없이 유명 셀럽이 와준다는 건 담당자에게 너무도 큰 힘이 되기에 감사하고 또 감사한 일이다. 보통 한 방 크게 터져 갑자기 큰 사랑을 받고 빅스타가 된 셀럽들은 신인 때 아무리 가까웠더라도 좋은 관계를 계속 유지하기가 매우 어렵다. 챙겨주고 싶어도 현실적으로 힘들고 또 마음이 그렇게 이어지지 않는 경우도 흔하다.

그러나 정해인은 한결같았다. 처음 만났을 때도 가볍지 않았고 흔들리지 않는 깊이와 자기만의 생각이 뚜렷했다. 스타 자리에 오른 지금도 변함이 없다.

### 더 이상 '나이키의 영미 누나'가 아니어도

변화는 오히려 나에게 있었다. 그렇게 그가 급부상하며 거침없이 정상을 달릴 때 나는 퇴사했고 더 이상 나이키의 '영미 누나'로 챙겨주지 못해서 미안했다.

퇴사와 동시에 나는 많은 사람들과의 관계를 정리하기도 했고, 정리당하기도 했다. 그건 너무도 당연한 절차였다.

퇴사 후에는 정말 가까운 관계가 아닌 이상 어떠한 셀럽에게도 먼저 연락하지 않았다. 그런데도 정해인은 늘 나의 안부를 먼저 물어주었고, 본인 영화가 개봉하면 VIP 시사회에 한 번도 빠짐없이 직접 초대해주었다.

그는 "신인 때부터 그동안 누나가 얼마나 잘 챙겨줬는데요. 누나가 하는 거면 당연히 해야죠!"라고 말할 뿐이었다. 유독 나에게 당연하다는 말을 많이 해주는 그가 얼마나 고마운지 모른다.

내가 신규 브랜드 코닥어패럴의 광고 모델 제의를 했을 때도 아무것도 묻지 않고 "누나가 하는 거면 당연히 해야죠!"라며 모델이 되어주었다. 미친 듯한 폭염에 두꺼운 겨울 아우터를 입고 몇 시간 내내 이어진 힘겨운 야외 촬영에도, 비와 태풍 때문에 촬영이 중단되고 예상치 못한 시나리오가 벌어지는 와중에도, 연신 괜찮다며 나를 더 배려하고 걱정해주었다. 나에게 누나라고 부르지만 마음 씀씀이는 나보다 연장자 같은 정해인, 그가 있어 그날의 촬영을 모두 무사히 마칠 수 있었다.

서해 바다의 일몰을 보며 카메라에 담기는 그의 모습을 바라보고 있자니 기분이 묘했다. 가슴이 뭉클해지고 실감이 나지 않았다. 밖으로 내뱉진 않았지만 마음 한구석에 자리했던 불안감이 한순간 사라지는 기분이 들었다.

인생 챕터 2를 용기 있게 새로 시작하는 그 첫 발걸음에 5년 전 그 모습 그대로 나에게 든든한 버팀목이 되어주고 함께해준 그의 응원과 한결같은 행동은 앞으로도 영원히 잊지 못할 것이다. 나에게 처음이라는 출발점을 다시 갖게 해준 그에게 고마운 마음을 전한다. 스타트라인에서 여전히 함께해 주는 사람이 있다는 걸 느낄 수 있어 설렌다는 말도 전하고 싶다.

# 나의 미래가 또 기대되고 설렌다

나는 현재 하이라이트브랜즈라는 회사에 창립 멤버로 조인하여 마케팅 수장으로 몸담고 있다. 정확히 말하면 성장 가능성 있는 스타트업 회사이며 처음부터 하나하나 만들어가는 단계에 있지만 신규 론칭한 코닥어패럴 브랜드가 빠르게 성장하면서 다행히도 안정적으로 자리를 잡아가고 있다.

부서원들은 80년대 중반에서 90년대 중반에 태어난 친구들이다. 나이가 젊다는 건 의욕적으로 일할 수 있다는 것과 동시에 경력이 매우 짧다는 의미를 내포하고 있다. 그동안 나이키에서 누렸던 체계적이고 안정적인 시스템도 경력 많은 베테랑 팀원도 파워풀한 파트너들도 이젠 내게 없다.

젊은 친구들이 스타트업 회사에 들어오는 이유는 딱 두 가지다. 고생을 감수하면서도 다양한 경험과 배움을 얻기 위해서다. 나이키에 있는 동안 팀원을 채용하기 위해 수많은 면접을 봤는데, 그때마다 경력사원들은 '잘할 수 있다!'라는 자신감과 강한 자기 어필로 자신을 드러내고자 했다. 실제로 좋은 회사에서 다양한 경험을 쌓고 온 실력자들이 많았다.

하지만 지금 함께하는 우리 팀원들은 반짝반짝 빛나는 눈으로 '배우고 싶습니다!'라고 말한다. 이들을 보며 나는 그들에게 해줄 수 있는 한 많은 것들을 경험하게 하고 도움이 되는 리더가 되고 싶다는 생각을 한다. 함께 일하는 동안 팀원들이 일을 잘할 수 있도록 해법을 제공하고 최상의 결과를 도출할 수 있도록 최대한 지원해주는 조력자가 되고자 한다.

## 함께 시작하는 소중하는 사람들

솔직히 말해 팀원을 대하는 내 태도도 변했다. 예전에는 너무 큰 책임감과 대형 프로젝트 위주로 일한 탓에 팀원들을 예민하게 대하고 쉴 새 없이 체크하는 악덕 리더기도 했다.

업무에 빈틈을 보이면 나도 모르게 화를 내거나 차갑게 대하고, 업무 처리가 답답하거나 센스가 없는 직원에겐 직격탄을 날릴 때도 많았다.

물론 직원들은 지금도 나를 잔소리 많은 피곤한 리더라고 생각할 수도 있겠지만, 다들 날 믿고 잘 따라와주고 하나로 똘똘 뭉쳐 한 몸처럼 움직이는, 팀워크만큼은 둘째가라면 서러울 정도다. 이런 모습이 대견해 하나라도 더 가르쳐주려는 마음이 절로 솟아나고, 내가 함께 있는 동안은 이들을 성장시켜야 한다는 사명감에 어깨가 무거워지기도 한다.

나는 분명한 철칙이 있다.

배우려는 자세와 열심히 하려는 의지가 있는 사람, 자신의 일에 에너지가 있는 사람, 본인의 업무에 책임을 다하려는 후배에겐 나의 노하우와 시간과 조언을 아낌없이 내어준다.

말로는 '배우겠습니다! 열심히 하겠습니다!' 하면서 배우려는 자세와 올바른 태도를 취하지 않는 사람에게는 한 치의 여지도 주지 않는다. 그러기엔 나의 시간과 에너지가 너무 소중하기 때문이다. 지금 나와 팀을 이뤄 함께하는 이들은 스타트 시점에서부터 같이 나아가는 소중한 사람들임에 분명하다. 함께 처음을 시작한다는 건 매우 의미 있는 관계다.

## 새로운 스위치를 켜며

나이키를 떠나면서 제일 힘들었던 건 타이틀이었다. 내 이름 석 자 앞에 붙어 있던 타이틀을 내려놓기까지 솔직히 아무렇지 않았다고 하면 거짓말이다. 하지만 거의 1년 동안 내가 정말로 원하는 일을 하기 위해 기다리면서 타이틀을 내려놓은 것보다 더 힘든 게 기다리는 일이라는 사실을 깨달았다.

그동안 하던 일을 계속 이어서 하는 게 아닌, 내가 정말 원하는 새로운 일을 하기 위해 기다렸다. 막연한 기대감은 가끔씩 불안감을 가져다주기도 했다. 하지만 이제 나는 '나이키'라는 스위치를 완전히 끄고 '이영미답게'라는 새로운 스위치를 켰다.

나의 경쟁력은 남들과 경쟁하기 위함이 아니다. 내가 단단하다면 굳이 남과 싸워가며 일할 필요가 없다. 나의 내공을 튼튼히 하고 뿌리 깊게 쌓아가면 그뿐이다.

나는 이제 어떤 일을 결정할 때 힘들지 안 힘들지, 쉬운지 어려운지 그런 건 중요하게 여기지 않는다. 내가 해야 하는 일인지에 대한 목적만 확실하게 생각한다. 다시 말해 '내가 왜 이 짓을 하고 있지?'라는 반문이 계속 들면 어떤 일이든 과감히 때려칠 것이다. 사람들의 반응이나 변화에 대해 실망하거나 상처받지도 않을 것이다.

내 생각보다 지금까지도 여전히 나를 도와주고 옆에 있어 주는 사람들이 있어 늘 감사하게 생각한다. 앞으로도 진정성을 담아 내가 믿는 관계의 힘을 이어나가고 싶다.

현재 나는 코닥어패럴 외에 몇 개의 글로벌 브랜드 론칭을 준비하고 있고 앞으로 또 어떤 사람들과 연결되어 새로운 관계를 만들고 또 그 관계를 브랜드와 연결하여 어떤 성공적인 결과를 만들어낼 수 있을지 기대되고 설렌다.

그 결과는 또 다른 기회로 연결되어 나를 어딘가로 데려갈지도 모르겠다. 혹시라도 아름답지 않은 엔딩이라도 두렵지 않다. 그냥 어디서든 '이영미답게' 존재할 것이다.

# 나의 넥스트 스텝은 공유하고 연대하는 일

## 사람들과 연결되어 또 다른 판을 벌이다

아무리 내가 유명하고 좋은 회사, 높은 직위, 오랜 경력의 소유자라고 해도 회사를 떠나는 순간 모든 것이 물거품처럼 사라진다. 그리고 요즘은 책상만 지키고 앉아 후배들에게 디렉팅만 하는 사람은 경쟁력이 전혀 없는 세상이다. 전략 기획부터 현장 업무는 물론 네트워크까지 완벽하게 연결하여 시너지 효과를 확실하게 만들어내고 또한 빠르게 결정하고 대처할 수 있는 문제해결 능력까지 모든 것을 겸비한 멀티 플레이어가 되어야 인정받는 피곤한 시대에 살고 있다.

내가 지금도 끊임없이 많은 일을 할 수 있는 것도 기회를 얻을 수 있는 것도 제일 중요한 실무를 직접 하는 현장 경험이 많은 디렉터기 때문이다. 철저하게 결과로만 검증받기 때문에 모든 것이 나의 손을 직접 거치지 않으면 좋은 결과를 가져올 수 없는 건 당연한 일이다.

나는 지금도 사람들과 격렬하게 부딪히며 그들로 인해 영감과 에너지를 받고 살아가는 현장이 좋고 실무가 좋다. 나는 사람들을 직접 만나고 눈을 바라보고 얘기하고 설득하는 게 좋다. 그렇게 사람들과 연결되어 또 다른 판을 벌이고 또 벌이면서 사람들을 모으는 힘! 혼자가 아닌 함께할 때 이 세상은 더 의미 있고 살맛 나는 세상이 된다.

### 고민하지 않고 두려워하지 않고 도전하다

주변 사람들이 종종 하는 질문들이 있다.

"유명 해외 전시 디렉팅부터 신규 브랜드 론칭까지 하다니, 넥스트 스텝은 뭐야??"

나는 아무것도 계획하지 않는다. 지금까지도 내가 억지로 의도해서 벌어진 일이 아무것도 없었던 것처럼…….

이제는 전문성이나 내가 꼭 하고 싶은 것을 찾기 위해 고민하고 갈등할 필요도, 오래 할 수 있는 일을 찾을 필요도 없다. 나 스스로 가능성을 제한할 필요는 더더욱 없다. 그냥 내가 할 수 있는 일이면 고민하지 않고 두려워하지 않고 도전할 생각이다.

나는 매우 감정적이고 즉흥적인 사람이다. 친구와 점심을 먹으면서 예쁜 일러스트에 한순간 마음이 홀려버려 바로 대형전시 디렉팅을 겁 없이 콜하고, 지인과 점심을 먹다 신규 브랜드를 론칭하다는 말에 스타트업에 바로 몸을 던졌다!

퇴사 후 무료했던 어느 날 라온북에서 운영하는 출판 관련 특강을 들으러 갔다가 "저 책 내주세요!" 하고 장문의 메일을 보내 기획출판의 기회를 노려 문을 두드렸고 정말로 꿈처럼 소망하던 책을 발간하게 되었다. 나는 누구보다 즉흥적이고 무모한 도전을 할 때도 있지만 어떠한 일이든 즐겁게 내 것으로 만들 수 있다는 믿음이 있기에 두렵지 않다. 혹시 그것이 실패로 돌아가더라도 이제는 괜찮을 정도로 많이 성숙했고 상처받아도 거기에 맞는 치료법을 너무도 잘 알고 있기 때문이다.

그리고 나와 같은 일을 하고 싶어 하고, 현재 이와 비슷한 일을 하고 있는 후배들에게 내가 살아왔던 지난 경험들이 도움이 된다면 많이 공유하고 영감을 주고 싶다. 나의 노하우와 실질적인 사례를 통해 좋은 솔루션을 제공하며 많은 사람들과 호흡하며 살고 싶다. 일 때문이 아니더라도 사람과의 관계 때문에 힘들어하고 상처받는 사람들, 어쩔 수 없이 사람들과 경쟁하면서 치열하게 이 사회를 살아야 하는 사람들에게 조금이라도 위로가 되고 소통하는 기회도 갖고 싶다. 사람들과의 스킨십을 통해 살아가는 맛이 아주 재밌고 가치 있는 일임을 알게 해주고, 나 또한 재차 알고 느끼고 싶다.

진정성 있는 바른 가치관, 이 시대가 필요로 하는 건강한 정신, 소통할 수 있는 능력, 올바른 마인드를 가지고 정확한 판단력으로 세상을 살아가는 좋은 사람이 되기를 바라는 마음으로, 모두가 자신을 중심으로 진정성 있는 링크업을 계속 이어나가기를 바라는 마음이다.

우리 모두의 넥스트 스텝에 박수와 응원을 보낸다.

"나는 끊임없이 사람의 마음을 움직이도록 영감을 주고 함께 변화하며, 진정성 있는 관계를 오랫동안 유지해나가고 싶다."

## 북큐레이션 • 원하는 곳에서 꿈꾸고, 가슴 뛰는 삶을 살고픈 이들을 위한 책

《링크 업 Link up》과 함께 읽으면 좋은 책. 자신의 인생에 열정을 쏟고 관계의 소중함을 아는 사람이 진정한 성공과 멋진 인생의 주인공이 됩니다.

# 보이지 않는 것을 보는 힘

정광남 지음 | 13,800원

**"다른 눈으로 보아야 달라진다. 세상도 그렇다"**
**새로운 발상으로 새로운 일상을 디자인하라!**

이 책은 사소한 일상과 뻔해 보이는 세상에서 번뜩이는 통찰과 아이디어를 끄집어내는 법을 소개한다. 카피라이터로 오랫동안 일해온 저자는 107개의 길고 짧은 글에서 '1% 다르게 보는 힘'을 보여준다. 평범한 시선과 빛나는 통찰은 어떻게 다를까? 또 매끄러운 낱말과 생각 근육이 쌓인 낱말에는 어떤 차이가 있을까? 광고인 특유의 재기발랄한 발상과 반전의 묘미가 실린 글이 독자들을 웃음의 담장을 넘어 생각의 숲으로 안내한다. 카피라이터의 머릿속을 훔쳐보고, 경험과 사고의 틀을 깨고 싶은 이들에게 일독을 권한다.

# 아주 작은 도전의 힘

라수진 지음 | 13,800원

**"도전도 스펙이다"**
**꾸준한 도전으로 커다란 성취를 경험하라!**

많은 사람들이 목표를 향한 도전을 미루거나 회피한다. 때로는 결과가 잘못될까 봐 불안하다는 이유로 시도조차 안 하기도 한다. 그러나 사실은 하고 싶은 의지가 없거나 현재의 자리에 안주하는 것에 익숙해 있는 건 아닐까? 자신만의 안전지대(Safety Zone)를 벗어나 위험을 감수하고 도전할 때 제2의 인생으로 도약할 수 있는 기회가 온다. 소소하지만 꾸준한 노력으로 성취감을 얻고 싶은 사람들 모두에게 이 책은 누구나 생활에서 실천할 수 있는 작은 도전의 성공으로 자신감을 얻고 인생의 터닝 포인트를 만들 수 있는 길을 안내해줄 것이다.